좋은
교대제는
없다

좋은 교대제는 없다 : 우리가 꼭 알아야 할 교대제 이야기

발행일 1판1쇄 2015년 11월 13일
지은이 한국노동안전보건연구소
펴낸곳 한국노동안전보건연구소
주소 서울시 동작구 남부순환로 2019(사당동 1049-4) 경신빌딩 501호
전화 02-324-8633
이메일 laborr@jinbo.net

ISBN 979-11-956385-0-5 03300
무단전재와 무단복제를 금합니다.
책값은 뒤표지에 있습니다. 잘못 만들어진 책은 서점에서 바꿔 드립니다.

좋은
교대제는
없다

한국노동안전보건연구소 지음

우리가
꼭
알아야
할
교대제
이야기

한국노동안전보건연구소

개정판을 내며

이 책은 2007년에 나온『교대제, 무한이윤을 위한 프로젝트』의 개정판이다. 초판에서 우리는 교대제가 노동자의 몸을 황폐화시키고 있다는 사실을 설명하고, "심야노동 철폐"라는 슬로건 아래, 야간노동을 만드는 교대제 폐지와 야근·특근으로 생활임금을 유지하는 장시간 노동체제의 해체를 주장하였다. 노동자의 몸과 삶에 좋은 교대제는 없기 때문이다.

심야노동으로 대표되는 교대제를 폐지하라는 원칙적이고도 강력한 주장을 했던 것은, 노동시간 문제를 바라볼 때 이윤이나 생산성, 자본의 합리성과 경제성 등과 같은 것이 아니라 무엇보다 노동자의 몸과 삶을 기준으로 삼아야 한다는 생각 때문이었다.

이미 높아진 생산성은 24시간 공장이 돌아가지 않아도 필요한 것들을 충분하게 만들어 내며, 우리는 적정 노동시간만으로도 생활에 필요한 임금을 받을 수 있다. 24시간 가동이 필수적인 일부 공공영역의 노동을 제외하고는, 교대제는 결국 이윤을 더 쉽게, 더 많이 확보하기 위한 자본의 필요에 부응하는 제도일 뿐이다. 초판 발간 당시 우리는, 인류의 자산인 과학과 기술의 발달로 이미 높은 생산성이 확보된 현대 산업 사회에서 인간의 몸을 황폐화시키는 교대근무를 하지 말자는 주장이 꼭 필요하고 당위적이라고 생각했다.

초판이 나온 후, 8년이라는 시간이 흘렀다. 그 사이 한국 사회의 노동시간에는 몇 가지 큰 변화가 있었고, "심야노동을 철폐하자"는 당위적인 구호만으로 충분히 해명할 수 없는 과제들이 생겨났다.

2013년 자동차 완성차 공장을 시작으로, 자동차 부품사들이 30여 년간 유지해 오던 주야맞교대 노동 방식을 바꾸기 시작했다. 2007년에 합의된 결정이 시행되기까지 6년의 시간이 흘렀다. 그런데 정작 노동자들을 설득하는 것이 어려웠다. 교대제를 바꿔 야간노동을 줄이고, 노동시간을 단축하자는 합의가 있었지만, 현장의 노동자들은 임금 삭감을 두려워했고, 경제 위기 당시 있었던 고용 불안의 트라우마를 기억해 냈다. 밤에는 집에 가서 자고, 낮에 일하자는 구호는 현실을 모르는 주장으로 여겨졌다. 노동시간은 줄어들지만 임금은 유지하는 합의를 한 사업장에서는, 노동강도가 크게 늘어나기도 했다. 더 이상 노동강도를 증가시키기 어려운 경우에는 생산량을 유지하기 위해 비정규직을 채용하는 곳도 있었다. 교대제와 노동시간의 문제에는 좀더 복잡한 이야기가 얽혀 있었고, 심야노동을 없앤 교대제 변화의 결과가 긍정적인 것만은 아니었다.

노동시간의 길이와 배치(교대제), 노동의 밀도(노동강도)를 함께 풀어 나가지 않으면, 노동시간을 제대로 이야기할 수 없다. 문제를 총체적으로 다루지 않으면, 한쪽을 누르면 다른 한쪽이 부풀려지는 풍선처럼, 우리가 원치 않은 결과를 만들어 내게 된다. 고용과 임금의 문제에 매몰되어 있는 현재의 노동운동에 대해, 노동자의 몸과 삶을 잣대로 판단하고 투쟁하라고 주장하는 것은 옳지만, 각각의 문제가 현실에서 서로 분리되어 있지 않다는 점 또한 명확하다. 그래서 우리는 당위적인 주장을 넘어 좀더 엄밀한 고민을 담은 개정판을 내고자 했다.

먼저, '프롤로그'「교대제, 이미 우리의 일상」에서는 우리 일상과 교대제가 어떻게 연결되고 있는지, 교대근무를 하는 노동자가 나의 삶과 어떤 연관을 맺으며 살고 있는지를 보여 주려 했다. 초판에서는 '들어가며'로 실렸던 이 부분을 개정판에도 그대로 담은 이유는 우리가 교대제에 대해 왜 말해야 하는지, 왜 할 수밖에 없는지가 그 이야기에 선명하게 드러나 있기 때문이다.

제1장「자본주의와 노동시간」은 초판에는 없었던, 새로 작성된 글이다. 시간을 둘러싸고 한쪽에서는 돈을, 다른 한쪽에서는 삶을 추구하는 자본과 노동의 전쟁을 다루고 있다. 우리는 노동자들의 현장 통제력이, 노동시간의 길이와 배치를 결정하는 데 아주 중요한 요인이라고 본다. 노동자의 통제력이 없는 교대제는 장시간 노동과 결합해, 노동자에게 시간 압박과 시간 빈곤을 가져올 것이다. 여기서 벗어나기 위해서는 노동자들이 노동시간을 통제할 수 있어야 한다.

제2장「교대제의 본질」은 핵심적인 문제의식의 배경을 담고 있다. 교대제의 본질이 무엇인지 살펴보는 과정은, 왜 교대제 개선이 단순한 근무 형태 개선일 수 없는지, 왜 거기에 머물러서는 안 되는지를 깨닫게 한다. 더불어, 최근 한국에서 벌어지고 있는 회사와 자본 주도의 다양한 방식의 교대제 변화 사례를 분석하여, 이것이 왜 다른 형태의 노동착취에 불과한지 밝혔다.

제3장「교대제의 유형과 현황」은 국내 교대제의 규모와 방식 등

을 설명하고 있으며, 교대제 여부에 따른 노동시간 문제 등을 다루고 있다.

제4장「교대제와 황폐해진 노동자의 몸」에서는 교대제의 건강 영향에 대한 최신 연구 결과를 담았다. 직업환경의학 분야의 여러 연구들이 노동시간, 교대제와 노동자의 건강 관련 문제를 다뤄 왔다. 이들 연구 중에는 한국노동안전보건연구소 연구자들이 수행한 연구도 다수 있다. 수면장애나 심혈관계 질환, 암 발생 등 이미 잘 알려진 교대제가 건강에 미치는 영향들을 좀더 체계적으로 기술하고, 최신 연구 결과로 보완했다.

제5장「교대제와 노동자의 삶」은 새로 작성된 장으로, 교대제가 건강의 문제뿐 아니라 노동자의 삶에 어떤 영향을 미치는지에 주목하고 있다. 정상적인 낮시간을 벗어나, 사회의 일반적인 시간리듬과 엇갈려 배치되는 노동시간은 가족, 취미, 사회적 관계 등 노동자의 삶 나머지 전 영역의 활동을 제한한다. 그래서 교대제의 작은 변화도 교대노동자의 삶에 큰 변화를 가져온다. 한국노동안전보건연구소에서 직접 수행했던 교대노동자와의 인터뷰 결과를 주로 담고 있다.

제6장「교대제에 대한 규제와 개선안」은 한국과 해외에서 제안된 교대제 개선을 위한 방안을 소개하고 있다. 교대제를 개선하고 나아가 교대제 폐지를 이루어 내고자 하는 노동조합 활동가에게 실무적인 큰 도움이 될 수 있을 것이다.

제7장「교대제, 대응과 과제」에서는 교대제 대응에서 주요한 원칙을 제시하고 있다. 핵심은 이윤의 논리를 넘어 인간다운 삶을 위해 교대제를 없애자는 것이다. 교대제 없는 세상을 만들기 위해서는 끊임없이 소비, 성장, 환경파괴를 통해 유지되는 자본주의에 대한 성찰

이 반드시 필요하다.

에필로그에서는 노동자들이 노동시간의 길이와 배치에 대해 집단적인 자기 목소리를 내고, 이 힘으로 교대제를 변화시킨 사업장의 사례를 보여 주고자 하였다.

지난 대선 때 한 후보가 내걸었던 '저녁이 있는 삶'이라는 구호는, 그 후보에 대한 지지와 관계없이 많은 사회적 공감을 얻었다. 이는 한국사회에서 얼마나 많은 사람들이 '저녁이 없는' 삶을 살고 있는지 역설적으로 보여 주는 장면이었다. 그러나 한국은 여전히 세계 최장시간의 노동을 하는 나라이며, 지속적으로 교대노동이 증가하는 사회다. 고용 불안이 심한 초단시간 노동자들이 증가하면서 일시적으로 전체 노동자들의 평균 노동시간이 감소했지만, 여전히 장시간 노동을 통해 생활임금이 유지되는 나라이기도 하다. 이 견고한 현실을 무너뜨리기 위해서는, '저녁이 있는 삶'에 대한 사회적 욕구가 드러나고 함께 공유되어야 한다. 이것이 노동시간에 대한 노동자들의 통제력을 회복하는 출발점이다.

이 책은 교대제를 다룬 책이지만, 노동시간에 대한 책이기도 하고, 그래서 한국 사회 노동자들의 삶에 대한 이야기를 담은 책이기도 하다. 이 책이 만들어지기까지 한국 사회 교대제, 노동시간, 노동자들의 삶을 함께 고민하며, 연구하고 토론해 준 한국노동안전보건연구소 노동시간센터 회원들과 개정판이 만들어진 것에 대한 기쁨을 나누고자 한다.

2015년 가을
한국노동안전보건연구소

.차례.

5장.
교대제와 노동자의 삶 171

6장.
교대제에 대한 규제와 개선안 203

7장.
교대제, 대응과 과제 233

좋은
교대제는
없다
우리가
꼭
알아야
할
교대제
이야기

교대제, 이미 우리의 일상

아파트 경비원으로 일하는 김철수 씨는 새벽 다섯 시가 되기 전에 집을 나섰다. 아침 여섯 시에 교대를 하기 때문이다. 담배를 한 대 피우려고 보니 열 개비도 남지 않았다. 내일 아침 여섯 시까지 24시간 동안 꼬박 경비실을 지키려면 아무래도 한 갑 더 사 두어야겠다는 생각이 들었다.

김철수 씨는 담배를 사러 버스정류장 앞 24시간 편의점에 들어갔다. 앳된 얼굴의 점원이 계산대에서 졸다가 침을 닦으며 일어난다. 고등학생인 편의점 직원은 매일 밤 열한 시부터 다음 날 아침 여덟 시까지 편의점 야간 아르바이트를 한 뒤 학교에 간다. 새벽 서너 시는 손님도 적고 제일 졸린 시간이어서 잠깐이라도 마음 편히 눈을 붙이고 싶지만, 바로 그 시간에 맞춰 상품을 배송하는 트럭이 온다. 새로 들어온 상품을 정리하고 매장을 청소하고 나면 훌쩍 다섯 시를 넘기는데, 그때부터는 다시 아침 손님들을 맞아야 한다. 오늘도 수업 시간 내내 졸음을 이기기 어려울 것이다.

잠시 후 김철수 씨가 기다리던 버스가 도착했다. 버스에 올라타니 운전석에 앉은 기사의 두 눈도 벌겋다. 버스 기사는 일주일마다 아침근무와 저녁근무를 번갈아 한다. 한 탕, 즉 노선 전체 한

바퀴를 도는 데 세 시간쯤 걸리는데, 보통 하루에 세 탕을 뛴다. 하지만 오늘처럼 첫차를 몰고 나올 때면 네 탕을 뛰기도 한다. 버스기사는 새벽잠을 쫓으려 라디오 볼륨을 조금 높인다. 지금이야 이렇게 버틸 수 있지만, 점심을 먹고 난 뒤 오후 한두 시쯤에 세번째 탕을 돌 때는 운전대를 붙잡은 채 깜박 졸기도 한다.

버스는 김철수 씨의 큰아들이 다니는 자동차 부품 공장 앞을 지난다. 큰아들은 일주일마다 주간과 야간근무를 번갈아 한다. 이번 주는 야간인데, 야간근무 때는 아이들 얼굴 한 번 보기가 쉽지 않다. 아이들이 학교에 간 뒤에야 퇴근을 하고, 아이들이 학원에 다녀오기 전에 출근을 해야 하기 때문이다. 주말에도 절반은 특근을 하러 공장에 나가기 때문에 사정은 별로 다르지 않다. 출근하지 않는 날만이라도 아이들과 시간을 보내고 싶지만, 야간근무를 하고 나면 하루 종일 잠을 자도 모자라기 때문에 기껏해야 아이들과 함께 밥을 먹고 텔레비전을 보는 게 전부다.

김철수 씨의 큰며느리는 새벽 네 시에 일어나 시아버지의 아침상을 차린다. 시아버지가 출근하고 나면 다시 눈을 붙이지만, 한 시간도 되기 전에 다시 일어나야 한다. 아이들을 깨워 아침밥을 먹여 학교를 보내고 다시 자리에 잠깐 눕는다. 그러나 이번에도 푹 잘 수는 없다. 남편이 야근을 마치고 퇴근하면 열 시쯤 밥을 먹고 잠을 청하기 때문이다. 낮에는 남편 잠을 깨울까 봐 청소나 빨래를 하는 게 여간 조심스럽지 않다. 오후 다섯 시에 남편이 출근하고 나서야 비로소 본격적으로 집안일을 하고, 아이들 저녁 밥상을 준비한다.

드디어 김철수 씨가 일하는 아파트에 도착했다. 근무복을 갈아입고 경비실을 지키고 있으려니 아침 출근을 하는 주민들이 하나둘씩 지나간다.

이 아파트에 사는 이영희 씨는 종합병원에서 근무하는 간호사다. 오늘 아침에 갑자기 생리통이 시작되었지만 생리휴가를 포기하고 출근하기로 했다. 간호사들은 아침에 출근하는 '데이' 근무, 오후에 출근하는 '이브닝' 근무, 밤에 출근해서 다음날 아침에 퇴근하는 '나이트' 근무를 돌아가면서 한다. 월말이면 수간호사가 다음 달 교대근무표를 짜는데, 이때 미리 말해 두지 않으면 생리휴가를 쓰지 못한다. 간호사 셋이 스무 명도 넘는 환자를 돌보아야 하는 이영희 씨의 병동에서 간호사 한 명이 갑자기 빠지면 일이 너무 힘들어지기 때문이다. 얼마 전에는 만삭의 동료가 근무 중 갑자기 산통이 오는 바람에 산부인과로 실려 갔다. 다음 교대 조 간호사가 급히 호출을 받고 오기는 했지만, 그 전에 두 시간 동안 고생한 걸 생각하면 이영희 씨는 지금도 진저리가 난다.

이영희 씨는 작년에 같은 병원에서 일하는 의사와 결혼했다. 남편은 지금 2년차 레지던트로 한 달 평균 열 번쯤 야간 당직근무를 한다. 1년차 때는 거의 날마다 야간 당직이더니, 그나마 후배가 들어와서 좀 줄어든 셈이다. 하지만 여전히 위중한 환자가 있을 때면 어김없이 당직을 서기 때문에 언제 야근을 하게 될지 예측할 수가 없다. 이영희 씨도 한 달에 여섯 번쯤 야간 당직근무를 하지만, 매달 근무표가 바뀌기 때문에 불과 한 달 일정조차 예상하기 어렵다. 그래서 운이 나쁜 달에는 부부가 집에서 같이 쉴 수 있는 날이 보름밖에 되지 않는다.

아픈 배를 쓸어내리며 이영희 씨가 출근길 지하철역으로 들어섰다. 지하철역 매표소에 앉아 있는 역무원 최승준 씨는 피로한 표정이 역력하다. 지하철 역무원들은 세 개의 조를 짜서 주간, 야간, 비번을 돌아가면서 일한다. 최승준 씨는 지금 야간근무 중이다. 어제 저녁 여섯 시에 출근해서 저녁 퇴근길 인파를 상대하면서 일을 시작하고, 오늘 아침 출근길 인파를 상대하고 난 다음 아홉 시에 퇴근한다. 늦은 밤에는 지하철을 운행하지 않기 때문에 잠을 잘 수 있지만, 밤 한 시에 막차가 끝난 뒤 역사를 순회하고 업무를 정리하면 어느새 두 시를 넘기기 일쑤다. 게다가 새벽 다섯 시부터 승객들을 상대하려면 네 시에는 일어나 준비해야 하니, 고작해야 두어 시간 잠을 자는 둥 마는 둥 하는 셈이다. 최승준 씨는 지난 십여 년 동안 1주일은 주간근무를 하고, 2주일은 야간근무를 하는 21일 주기에 적응하며 살아왔지만, 야근 후 밀려오는 피로는 날이 갈수록 심해지는 것 같다.

지하철 역 앞에는 24시간 문을 여는 분식점이 있다. 제일 값싼 메뉴는 천 원짜리 김밥으로, 특히 아침 출근길에 많이 팔린다. 그래서인지 이미 수북하게 김밥을 쌓아 두고서도 김밥을 마는 분식집 아주머니 박순자 씨의 손길은 바쁘기만 하다. 박순자 씨는 천 원짜리 김밥을 비롯하여 아침식사를 찾는 손님이 많이 몰리는 여섯 시부터 열 시까지 네 시간 동안 일한다. 김밥을 말고, 포장을 하고, 주문을 받고, 탁자를 정리하는 등 이른바 '홀 업무'를 도맡아

하고 한 달에 50만 원을 받는다. 열 시부터는 다른 아주머니가 교대해서 저녁까지 일하고, 손님이 줄고 배달 주문이 많은 밤시간에는 배달 학생이 와서 일한다.

요즘 근처에 비슷한 식당들이 늘어나면서 손님들이 줄어들자 사장이 아침 일찍 출근하기 시작했다. 덕분에 박순자 씨의 일은 줄어들고 있지만, 아무래도 그만두라는 신호인 것 같다. 그래서 박순자 씨는 대형 할인매장 일자리를 알아보는 중이다. 근처에 할인매장이 하나 있는데, 그곳 직원들이 분식집에서 나누는 얘기를 어깨 너머로 유심히 들어보는 중이다. 할인매장은 아침 열 시부터 밤 열 시까지 문을 연다. 매장에서 상품을 나르고 정리하거나 계산하는 이들은 주로 박순자 씨와 비슷한 또래의 기혼여성들이다. 두 개 조로 나누어 교대로 일하는데, A조는 아침 열 시에 출근하여 저녁 일곱 시쯤 퇴근하고, B조는 오후 한 시에 출근하여 밤 열 시에 퇴근한다. 월급은 적고, 일은 고되고, 아홉 시간 근무에다 출퇴근 시간까지 따지면 직장일과 집안일을 병행하기가 무척 힘들다. 그래서 몸이 아파 그만두거나 집안 문제로 그만두는 이들이 매달 꼭 생긴다고 한다.

오전 열시 반쯤 박순자 씨는 집으로 가는 지하철을 탄다. 지하철 승강장으로 가는 계단으로 가방을 든 기관사가 황급히 달려간다. 승강장에 도착해서도 연방 손목시계를 들여다보더니 역으로 진입하는 열차를 보고 안도의 한숨을 쉰다. 지하철 기관사는 날마다 출근시간이 변한다. 어제는 오후 2시 12분에 차량기지에서 열차를 몰고 나왔다가, 오늘은 오전 10시 34분에 어느 역에서 몇 번 열차를 몰아야 한다. 열차가 역에 머무는 시간은 길어야 1분이기 때문에 단 1분만 늦어도 교대할 수 없게 된다. 이 기관사는 오늘 아침에 '다이아'(근무시간표를 뜻하는 다이어그램diagram을 줄여서 부르는 말)를 잘못 보는 바람에 하마터면 열차를 놓칠 뻔했다. 오늘 몇 시에 퇴근하는지, 내일 몇 시까지 출근해야 하는지, '다이아'를 보지 않는 한 정확히 기억할 수 없다.

앞서 소개한 아파트 경비원, 자동차 부품 공장 노동자, 편의점 아르바이트 학생, 버스 운전기사, 병원 노동자, 지하철 노동자, 식당과 유통 서비스 노동자뿐 아니라 수많은 노동자들이 교대근무를 하고 있다. 우리 자신이 교대근무를 하지 않더라도 가족이나 친구, 이웃들을 비롯하여 우리가 알고 있는 많은 이들이 교대근무를 하고 있거나, 김철수 씨의 며느리처럼 교대근무를 하는 사람들을 돌보는 가사노동을 하고 있다.

혹시 우리가 알고 있는 사람들 중 단 한 명도 교대근무를 하지 않더라도, 교대제는 우리의 일상생활에 이미 깊은 영향을 주고 있다. 우리가 매일 사용하는 수도와 전기를 생산하고 관리하는 노동자들도, 먹을 것과 입을 것을 생산하고 유통하는 노동자들도 교대근무를 한다. 우리가 이용하는 택시나 버스, 기차나 비행기 등 교통수단을 운행하고 유지하는 노동자들도, 집 근처의 작은 편의점이나 식당부터 대형 백화점이나 병원에서 일하는 노동자들도 교대근무를 한다. 교대제는 이미 우리의 일상이다.

1장

자본
주의와

노동
시간

1장 자본주의와 노동시간

산업혁명과 프랑스혁명으로 상징되는 근대의 시작과 함께, 인류의 삶의 방식은 거대한 변화를 겪기 시작했다. 삶의 커다란 부분을 차지하는 노동 역시 예외는 아니었다. 사람들이 일을 하는 목적에서부터 일을 해나가는 방식 그리고 일의 성과를 배분하는 방법에 이르기까지, 많은 것들이 그 전과는 완전히 달라지게 된다. 그 중 하나가 바로 노동시간의 변화이다.

사람들은 예전보다 훨씬 더 오래 일하게 되었다. 하루 중 일하는 시간이 늘어났을 뿐만 아니라, 일주일 중에서 일해야 하는 요일이 더 많아졌다. 뿐만 아니라 사람들은 밤에도 일하기 시작했다. 사실, 밤에 잠을 자지 않고 노동을 하는 것은 인류 역사에서 대단히 예외적인 것이었다. 선사시대 이후 수천 년 동안, 밤을 지새우며 활동을 하는 것은 병사나 선원 같은 특수한 집단에만 해당되는 일이었다. 그런데 새로운 경제체제인 자본주의의 등장과 함께, 교대제라는 노동시간의 독특한 활용 방식이 확산되기 시작한다.

교대제는 산업혁명 이후 확산되고 있던 공장에서 열렬한 환영을 받았다. 밤에도 상품을 생산할 수 있게 된 자본가들은 인류의 진보로 찬양했다. 하지만 역사상 가장 오랜 시간 동안 일을 해야만 살아남을 수 있게 된, 그리고 자연적 리듬에 거슬러 한밤중에도 일을 하게 된 노동자들은 새로운 삶의 방식을 결코 환영할 수 없었다.

경제, 정치, 문화 그 모든 분야에서 19세기는 거대한 변화의 시대였다. 또한 변화의 주도권을 위한 다툼이 격렬하게 펼쳐진 투쟁의 시대였다. 자본가와 노동자라는 새로운 계급은 사회가 어떻게 움직여야 하는지, 사람들이 어떻게 살아야 하는지를 두고 서로 다른 꿈을 꾸었다. 무엇보다 크게 그리고 무엇보다 먼저 충돌이 벌어진 곳은 바로 노동시간이었다. 사람이 얼마나 오랫동안 일을 하는 것이 바람직한가를 두고 시작된 대립은 단순히 노동시간의 길이에 국한되는 것이 아니라 이후 시대의 변화에 따라 쟁점이 끊임없이 달라지고 있다. 또한 고용과 임금을 둘러싼 문제들과 연결되면서, 노동시간은 쉽게 이해하기에는 너무 복잡한 문제가 되어 버렸다. 하지만 2세기가 지난 지금까지도 변하지 않는 사실은 대부분의 사람들의 생애에서 노동시간이 가장 많은 비중을 차지하고 있다는 것이다. 노동시간이 왜 중요한지, 그리고 새롭게 등장하는 변화들이 무슨 의미인지를 이해하는 것은 오늘날 우리의 삶을 설명하는 데, 그리고 더 나은 세상을 만드는 데 많은 도움을 줄 것이다.

1. 시간 전쟁의 시작

시간이라는 단어를 보면 자연스럽게 떠오르는 말들이 있다. "시간이 많다, 시간을 잘 지킨다, 시간을 알뜰하게 사용한다"와 같은 것들이다. 이 말들을 들었을 때 우리는 그 의미를 쉽게 짐작한다. 하지만 우리가 이처럼 당연하게 여기는 시간이 '만들어진' 것은 인류 역사에서 그리 오래된 일이 아니다.

오늘날 우리가 생각하는 시간은 시계의 등장과 함께 출현한 것이다. 시계가 만들어지면서, 인류는 비로소 시간을 측정할 수 있고 계산할 수 있게 되었다. 즉 시간을 수학적으로 이해할 수 있게 되었다. 이는 시간을 활용하는 방식을 근본적으로 바꾸는 계기가 되었다. 가장 결정적인 변화는 시간에 가격이 매겨진 것이다. 시간은 눈에 보이지 않는 추상적 존재가 아니라, 화폐로 계산이 가능한, 즉 돈으로 사고 팔 수 있는 물건이 되었다. 시계 시간이 등장하기 이전까지, 노동에 대한 측정 방식은 지금과는 많이 달랐다. 장인의 노동은 하나의 작품을 만들어 내는 노고로 인식되었기에 남들은 그가 어떻게 일을 할지 얼마나 일을 할지 강제할 수 없었다. 장인의 노동은 결과물로 평가받았다. 만드는 데 얼마나 많은 시간이 걸렸는지는 만든 사람에게도 사는 사람에게도 그리 중요한 기준은 아니었다.

그런데 자본주의의 등장과 함께, 인간의 노동을 측정하고 평가하는 기준 자체가 달라지기 시작한다. 이제 생산자는 저마다 다른 방식으로 제각기 고유성을 지닌 제품을 만들어 내지 않는다. 노동은 모든 사람에게 적용되는 방식을 따라야 하는 동질적인 것으로 변화했다. 따라서 중요한 것은 얼마만큼의 시간이 걸리느냐이다. 이제 노동은 시간으로 평가받게 된다.

노동이 시간 단위로 사고됨에 따라, 임금노동이라는 새로운 제도가 등장하게 된다. 자본가는 예전의 노예주처럼 생존을 책임져야 하는 인간들을 소유하지 않는다. 또한 예전의 상인처럼 만들어진 상품을 사고 파는 역할에 그치지도 않는다. 이제 자본가는 노동자를 고용하고, 그들의 노동력을 이용해 이윤을 만들어 낸다. 이를 위해서는 숙식을 제공하거나 물건 값을 치르는 것이 아니라, 노동자가 일한 시간만큼 임금을 주어야 한다. 즉 누군가는 돈으로 다른 사람의 시간을 사며, 누군가는 자신의 시간을 팔아 돈을 번다. 시간은 곧 돈이다.

화폐화된 시간의 출현은 사람들의 삶을 시간을 통해 조율하는 것이 무엇보다 중요한 과제가 되도록 만들었다. 많은 사람들이 집단적으로 모여 노동을 하는 공장에서, 노동자들의 행동은 시간에 의해 통제된다. 시작시간과 종료시간이 정해지고, 각각의 시간에 적합한 행동들이 주어진다. 이를 위해 어린이들은 학교라는 공간에서 시간적 규율을 훈련받는다. 이처럼, 시간은 인간의 행동을 측정하고 평가하고 통제하는 기준으로 새롭게 등장하게 된다.

2. 시간 전쟁의 엇갈린 목표 : 돈 vs 삶

인류 역사에서, 대규모 집단 간의 갈등은 대부분 땅을 두고 벌어졌다. 얼마나 많은 땅을 가지고 있는가는 곧 힘의 크기를 의미했다. 영토 확장이라는 동일한 목표 속에서 국가들 간의 충돌은 전쟁으로 이어졌다. 그런데 자본주의가 등장한 이후, 갈등의 새로운 원천이 만들어진다. 땅만큼 중요한 것, 그것은 바로 시간이었다. 시간을 둘러싼 대립은 기존의 전쟁과는 다른 특이성을 지닌다. 바로 양 진영의 목표가 서로 다르다는 것이다.

자본주의 사회에서, 자본가의 목표는 이윤을 최대한 많이 확보하는 것이다. 그러기 위해서는 많이 만들고 많이 팔아야 한다. 이는 곧 만들고 파는 누군가의 시간을 최대한 많이 구매해야 함을 의미한다. 자신이 고용한 노동자의 노동시간이 길면 길수록 좋다. 자본가에게 화폐를 만들어 내지 못하는 시간은 아무런 의미를 가지지 못한다.

자본주의 사회에서, 돈이 없으면 생존할 수 없다. 따라서 노동자의 목표는 임금을 많이 확보하는 것이다. 하지만 노동자에게 시간은 돈일 뿐만 아니라 삶이기도 하다는 점에서 결정적 차이가 존재한다. 노동자에게는 화폐와 아무런 관련 없는 시간들도 중요한 의미를 가진다. 게다가 인간은 기계와 달라서 신체적 제약으로 인해 노동시간의 한계선을 가질 수밖에 없다. 이처럼 노동자는 날마다 휴식과 수면을 취해야 하고, 몸을 씻거나 음식을 먹고 옷을 갈아입는 등 신체적 필요를 충족해야만 노동력을 유지할 수 있는 '인간'이다. 또한 가족과 함께 시간을 보내거나 친구들과 교류하고 문화를 향유하는 등 사회적 필요를 충족해야만 살아갈 수 있는 '인간'이기도 하다. 행복한 삶 그리고 건강한 삶을 위해, 노동자에게 노동시간은 적절한 정도 이상 길어져서는 안 된다.

노동시간과 여가시간은 어느 한 쪽이 늘면 다른 쪽이 줄어드는 제로섬 관계이다. 모든 시간을 화폐의 것으로 만들려는 쪽과 이를 막아야만 하는 쪽의 대립이 거세질 수밖에 없는 이유이다. 하루 24시간, 주 7일, 연 365일, 제한된 시간 자원 중에서 배분을 어떻게 할 것인지, 즉 노동시간이 어느 선에서 결정되느냐는 자본과 노동의 힘겨루기에 따른 결과물일 수밖에 없다.

그런데 힘겨루기는 단순히 노동시간의 길이에 한정되지 않는다.

같은 시간에 얼마나 더 많은 노력을 기울여야 하는지, 즉 노동강도 역시 중요한 쟁점이었다. 이처럼 시간전쟁은 돈과 삶이라는 상이한 목표를 두고, 시간의 길이와 밀도라는 두 전장에서 치열하게 벌어진다.

3. 자본의 공세 : 시간관리기술의 발전

임금노동이 출현함에 따라 노동의 성격은 완전히 변화하게 된다. 하지만 오랜 세월 동안 굳어져 왔던 사람들의 삶의 방식을 바꾸는 것이 그리 쉬운 일은 아니었다. 고용되지 않으면 굶어 죽을 수밖에 없는 경제적 궁핍은 분명 노동자들이 임금노동을 받아들이게 하는 결정적 무기였다. 임금노동제가 자리잡으면서 노동시간은 크게 증가하기 시작한다. 하지만 단순히 그것만으로는 이윤의 극대화라는 자본의 목표를 충분히 만족시킬 수는 없었다. 노동시간의 길이만큼이나 노동강도가 중요했다. 노동자들이 더 열심히 일하게 만들기 위해서는 그들의 의식과 일하는 방식을 변화시켜야 했다.

자본주의가 등장하던 즈음, 중요했던 과제는 사람들에게 시간의 중요성을 받아들이게 하는 것이었다. 노동자들은 예전과 달리 누구나 매일 반복되는 일과를 똑같이 따라야만 했다. 점차 시간이 확고한 기준으로 자리잡게 되자, 좀더 발전된 통제방식이 등장한다. 단순히 시작시간과 끝시간을 강제하는 것을 넘어서, 시간 내내 노동의 과정을 좌우할 수 있게 된 것이다.

가장 먼저 등장한 통제기술은 누구나 따라야 하는 동작 규범을 만드는 것이다. 테일러주의로 불리는 이것은 작업 소요시간과 작업량을 표준화함으로써 노동자의 미세한 동작에까지 시간 통제가 가능해지도록 만들었다. 이제 사람들이 어떤 방식으로 일할지, 어떤 동작을 몇 초 만에 해내야 하는지까지 명령할 수 있게 되었다. 그 결과 자본의 입장에서 보면 낭비시간, 노동자의 입장에서 보면 여유시간이 자연스럽게 사라지게 되었다. 이제 주어진 시간 안에서 더 많은 실질적 노동시간을 확보할 수 있게 된 것이다.

그런데 명령을 통한 통제만으로는 한계가 존재했다. 지침에 반발하는 노동자들의 저항이 존재했기 때문이다. 이때 등장한 것이 컨베이어벨트로 상징되는 포드주의다. 포드주의는 테일러주의가 꿈꿨던 '모범적 노동'을 기계를 통해 모든 노동자가 강제로 따르게 만들었다. 기계 속도를 조절하기만 해도 자연스럽게 노동강도를 통제할 수 있게 된 것이다. 찰리 채플린의 영화 '모던 타임스'에 나왔던 장면들이 수많은 노동자들에게 현실이 되었다.

기계를 통한 시간과 동작의 강제는 노동강도 강화에 커다란 성과를 거두었다. 하지만 인간을 기계와 똑같은 존재로 만들려는 시도가 순조롭게 마무리되지는 못했다. 강요된 복종은 노동자들의 저항을 불러왔다. 뿐만 아니라, 숙련된 노동자들이 가지고 있는 지식을 활용하지 못했다. 노동자들은 자신들만의 비결을 공유하면서 숨 쉴 틈을 만들어 내고 있었다. 이러한 상황에서, 노동자들을 기계 밑으로 종속시킬 것이 아니라 그들에게 적극적인 역할을 부여하려는 움직임이 등장한다. 분임조와 개선 활동으로 유명한 도요타주의가 그것이다. 도요타주의는 애사심을 강조하며 노동자들이 생산공정을 더 효율적으로 만드는 데 참여하도록 독려했다. 이제 노동자들은 기계에 맞춰 어쩔 수 없이 일하는 것이 아니라, 어떻게 더 열심히 할 수 있을지를 고민하며 일하게 되었다. 자발적이고 '인간적'이기에 더욱 발전된 시간 통제가 가능해진 것이다.

최근 정보통신기술의 발전은 시간관리기술의 영향력을 더욱 극대화시키고 있다. 이제 노동자들의 모든 행동은 실시간으로 파악되고 기록되고 평가된다. 자본의 시선 앞에서 모든 것이 환하게 드러나는 것이다. 시간 측정은 더욱 엄밀해지고 노동자의 작업은 세분화되며 낭비라고 여겨지는 활동은 즉각 개선을 요구받는다. 이러한 변화는 비단 일터에 국한되지 않는다. 노동자들에 대한 통제는 시간과 장소를 가리지 않는다. 이제 일하는 사람들은 근무시간을 넘어 여가시간에까지, 직장을 넘어 가정에까지, 노동으로부터 자유로울 수 없다.

4. 노동의 반격 : 노동시간 단축 운동

시간의 발명과 임금노동의 출현은 사람들의 삶의 방식과 사회 구조를 오늘날의 모습으로 만드는 데 결정적 계기로 작용하였다. 그런데 시간의 영역에서 언제나 자본의 이해관계가 일방적으로 관철되어 온 것은 아니다. 노동시간의 중요성을 삶 속에서 자연스럽게 깨달을 수 있었던 노동자들은 자신들의 목소리를 내고자 노력하였고, 실제로 많은 성과를 얻게 된다.

19세기 초반, 노동자들은 하루 12시간을 넘어서는 장시간 노동에 맞서 역사상 최초의 노동시간 단축 운동을 시작한다. 1830년, 영국의 노동자들은 하루 10시간 노동을 요구하는 투쟁을 시작하였고 마침내 1848년, 10시간 노동법을 시행하게 되었다.

노동운동이 널리 뿌리내리고 노동조합의 수가 증가하면서, 노동시간 단축 요구 또한 진전했다. 1863년, 미국의 노동자들은 '8시간 연맹'을 만들어 하루 8시간 노동을 요구한다. 1866년 5월 1일, 약 20만 명의 노동자들이 모여 8시간 노동제 쟁취를 위한 총파업을 벌였고 많은 탄압과 희생에도 마침내 8시간 노동을 쟁취한다. 1889년 2월 파리에서 열린 제2인터내셔널 창립총회에서는 8시간 노동제의 관철을 기념하기 위하여 5월 1일을 노동자의 날, 메이데이로 정한다. 그후 1917년 러시아에서, 1918년 독일에서, 그리고 1919년에는 프랑스에서 각각 8시간 노동제가 실현된다.

1929년 대공황을 계기로 전 세계적 경제위기가 발생하는데, 이때 노동자들은 주 40시간 노동제의 확립을 요구하였다. 국제노동기구ILO 역시 1935년 제19차 총회를 통해 가입국들이 주 40시간 노동의 원칙을 비준해야 한다고 선언하였다. 결국 2차 세계대전이 끝날 무렵, 선진 자본주의 국가들에서는 주 40시간 노동제, 즉 하루 8시간씩 일주일 중 5일을 근무하는 방식이 도입되었다.

이후 계속되던 노동시간 단축은 1970년대 후반 신자유주의가 등장하면서 복잡한 양상으로 전개된다. 유럽과 미국의 노동시간 변화 추이는 확연히 다른 모습을 보여 주게 된다. 유럽의 경우, 노동시간 단축이 계속 진행되어 주 35시간 수준으로까지 줄어들었고, 동시에 노동시간의 유연화가 점점 더 확산되었다. 하루 노동시간의 길이가 다양해지고, 시작시간과 끝시간이 달라지며, 야간노동과 주말노동이 도입되기 시작한다. 이처럼 개개인의 노동시간은 줄어들었지만 교대제가 다양하게 도입됨에 따라 일터의 가동시간은 증가하게 된다. 결과적으로 보면, 노동시간 단축과 노동시간 유연화가 교환된 셈이다. 하지만 노동시간 배치에 있어 당사자의 선택권을 보장하고 있기 때문에, 유연화가 노동자들의 일과 생활의 양립에 도움이 되고 있다. 한편, 고용 문제가 점점 심각해지는 상황에서 노동시간 단축을 통한 일자리 나누기가 적극적으로 시도되고 있다.

미국의 경우 신자유주의의 확산 이후 노동시간 단축이 중지되고 오히려 늘어나는 모습을 보인다. 1930년대에 주 40시간이 되지만 이후 더 이상 줄어들지 않다가 1970년대 후반부터 늘어나기 시작한다. 경제위기와 더불어 맞벌이 가족의 확산이 노동시간 증가의 계기가 되었다. 80년대 이후에는 소비와 부채의 증가가 노동시간 증가의 결정적 원인이 된다. 유럽에 비해 상대적으로 노동조합의 힘이 약한 미국에서는 노동시간의 증가와 유연화가 동시에 진행되고 있다.

5. 오늘날 노동시간을 둘러싼 쟁점

한편으로는 자본의 시간관리기술이 점점 더 발전함에 따라, 다른 한편으로는 시간 선택에 대한 노동의 요구가 반영됨에 따라, 오늘날의 노동시간은 점점 더 복잡하고 복합적인 것이 되고 있다. 이제까지 노동시간의 길이와 밀도가 중요한 쟁점이었던 것에 더해, 오늘날에는 시간의 배치가 새로운 쟁점으로 부상하고 있는 것이다.

1) 다양화와 유연화

최근 노동시간의 가장 큰 변화는 사람들마다 서로 다른 노동시간을 가지게 되었다는 것이다. 예전에는 고정되고 반복되며 모두에게 공통적이었던 노동시간이 이제는 매일 다른 그리고 개인마다 다른 것으로 변화한다. 이러한 다양화는 노동시간 유연화의 결과이다. 복잡한 형태의 교대제 도입, 파트타임 노동의 증가 등 노동시간 유연화는 언제 출퇴근을 하는지에서부터, 하루에 몇 시간을 일하는지, 무슨 요일에 일하는지, 며칠 만에 휴일을 가지는지 등에 이르기까지 매우 다양한 경우의 수를 가능하게 만든다.

노동시간의 다양화와 유연화는 노동자에게 양면적 의미를 가진다. 우선, 다양화와 유연화가 노동자들의 필요와 욕구를 반영할 수 있다는 점은 분명 매력적인 장점이다. 개인들의 삶이 복잡해지고 가족의 중요성이 부각되면서, 필요에 따라 자신의 노동시간을 조절하고 선택할 수 있다는 것은 정말 반가운 일이다. 실제로 서구 사회에서는 이러한 장점이 현실에서 실현되는 경우도 많다.

문제는 다양화와 유연화가 자본의 필요와 욕구를 반영할 수도 있다는 것이다. 생산의 유연성이 강조되고 비용 절감을 최우선하는 상황에서, 자본은 노동시간의 유연한 배치를 통해 최대한 적은 인원으로 최대한 많은 이윤을 확보한다. 노동자들은 자신의 의사와 무관하게 자본이 원하는 시점에 원하는 시간 동안 일하도록 강제된다.

2) 시간 확장

앞서 살펴본 다양화와 유연화는 노동시간의 확장과 긴밀한 관련을 가진다. 개인의 노동시간은 단축되는 반면 전체적인 생산과 서비스 제공 시간은 점점 연장되는 상황의 해결방법이자 원인이 되는 것이 바로 다양화와 유연화이다. 오늘날 노동시간은 두 방향으로 확장되고 있다. 첫째, 24시간 노동하고 1주일 노동하는 사회(24/7사회)로 확장된다. 이제 점점 더 많은 곳에서 밤에도 인간의 노동이 이루어지고 있다. 또한 주말에도 노동이 이루어져서 1주일 내내 경제 활동이 지속된다. 이처럼 사람들이 일을 할 수 있는 그리고 해야만 하는 시간의 범주 자체가 증가했다. 이를 가능하게 한 것은 무엇보다 교대제의 도입 및 확산이다. 노동운동의 성장과 사회의 진보 속에서, 24/7사회를 위해 2백여 년 전의 장시간 노동을 되살리는 것은 불가능하다. 이제 자본은 심야교대, 주말교대, 파트타임 등, 다양한 교대제에 종사하는 사람들을 배치함으로써 생산과 소비의 끊이지 않는 연쇄라는 꿈을 실현하고 있다.

둘째, 노동으로부터 자유로웠던 시공간을 포섭한다. 노동시간은 자신을 제한했던 경계선들을 허물고 영역을 더욱 넓히고 있다. 이제까지 퇴근은 노동과의 강제적 단절을 의미했다. 또한 회사와 집은 일을 하는 곳과 하지 않는 곳이라는 의미에서 명확히 구분되는 공간이었다. 하지만 정보통신기술의 발전에 따라, 사람들은 일하지 않는 때와 장소에서도 일하는 듯 아닌 듯 시간을 보내야 한다. 휴식시간은 대기시간으로 바뀌었고, 여가시간은 노동의 생산성을 증대시키기 위한 시간이 되었다. 일로부터 단절된 시공간이 존재할 수 없게 되면서, 자본은 노동자의 일상적 삶까지 통제할 수 있는 힘을 가지게 된다.

3) 시간 압박과 시간 빈곤

사람들은 점점 더 바빠지고 있다. 시테크로 불릴 정도로 효과적인 시간 활용방법을 찾기 위한 관심과 노력은 유례없이 크지만, 일터에서도 가정에서도 시간은 점점 더 부족해진다. 유연생산의 확산, 자본회전 시간의 가속화, 생애과정의 변화, 성역할의 변화, 노동시장의 구조적 변화 등 개인의 심리적 변화에서부터 거시적 경제 운영방식에까지 다양한 차원의 원인들이 노동의 시간표 나아가 삶의 시간표를 더 바쁘게 만들고 있다.

그 중 무엇보다 주목해야 하는 원인은 개개인들의 시간주권이 점점 더 약화되고 있다는 점이다. 신자유주의가 출현한 이후, 자본과 노동의 권력 균형은 무너지기 시작했다. 노동조합의 힘이 점점 더 약해지면서, 노동시간 단축은 역전되고 시간의 유연성은 높아지고 있다. 예전에는 당연하게 보호되는 시간의 범주가 존재해서, 주말에는 쉴 수 있었고, 한밤중에는 일을 하지 않았다. 9시에 출근해서 6시에 퇴근하는 것이 정상이었다. 하지만 이제 그런 기대는 할 수 없다. 언제 어떻게 일할지 예상할 수도 없고 선택할 수도 없다. 이처럼 시간에 대한 통제력의 감소는 곧 자신에게 주어진 시간의 절대적/상대적 감소를 의미한다. 노동시간은 자연스럽게 증가한다. 그리고 노동시간의 잔여로 남겨진 유동적인 여가시간 동안 많은 삶의 과제들을 처리해야 한다. 자녀가 있거나 집안일을 해야만 하는 이들에게 상황은 더욱 열악하다.

4) 노동과 소비의 악순환

앞서 노동시간을 둘러싼 여러 조건들이 악화되는 원인으로 자본의 힘이 점점 더 강력해지고 있음을 지적한 바 있다. 노동조합의 힘이 약해짐에 따라, 노동자들의 개별적 대응으로는 자본의 통제를 거역할 수 없는 상황이 벌어지고 있는 것이다. 그런데 이러한 강제적 측면과는 반대로 노동자들이 자발적으로 장시간 노동을 받아들이는 경우도 분명 존재한다.

돈을 벌기 위해 일을 한다. 일을 하다 보니 시간이 없다. 너무 바빠서 사는 것이 힘들다. 더 편하고 행복한 삶을 위해 소비를 한다. 소비를 하려면 돈을 벌어야 한다. 즉, 소비에 대한 욕구가 더 많은 임금을 추구하고, 자연스럽게 장시간 노동으로 이어진다. 노동과 소비의 악순환이 반복되는 것이다.

살아가는 데 필요한 것들을 구하는 대표적 방법은 물론 돈을 주고 사는 것이다. 다른 방법들도 존재하지만 대개 시간과 노력이 필요하다. 장시간 노동에 지친 사람들은 그러한 시간과 노력의 여지를 가지기 힘들다. 따라서 그들은 더욱 소비에 매달릴 수밖에 없다. 이러한 악순환의 가장 큰 해악은 노동시간 문제의 해결을 불가능하게 만든다는 데 있다.

시간 빈곤은 가족과 여가의 위기를 불러오고 있다. 그런데 이러한 위기에 직면한 많은 이들이 해결책으로 소비를 선택한다. 가정의 많은 일들을 외주화하여 상품으로 구매하고, 집약적인 여가 상품을 통해 즉각적인 만족을 추구하는 것이다. 하지만 이러한 상품 구매를 위한 장시간 노동은 다시 시간 빈곤을 더욱 가속화시키게 된다. 개인들의 변화와 맞물려 사회적 차원에서도 다른 가능성의 여지가 사라지게 된다. 가족관계에서도, 여가에서도, 점점 더 소비지향적이고 상품지향적인 것들만이 살아남게 되는 것이다. 결국, 시간의 문제는 사회적으로 고민해야 할 문제임에도 개인이 해결해야 하는 것으로 치부되고, 사회구조의 변화는 사라진 채 개인의 구매력이 유일한 답으로 남게 된다.

5) 성과제의 확산

노동시간의 여러 변화들과 맞물려, 시간을 측정하고 보상하는 방식도 변하고 있다. 노동시간에 따라 임금을 지불하는 임금노동제가 변화하고 있는 것이다.

가장 두드러진 변화는 노동을 시간이 아니라 생산량 혹은 건수로 평가하는 성과제의 확산이다. 특수고용직 노동자 혹은 프리랜서로 대표되는 이들은 일한 시간만큼 임금을 받는 것이 아니라, 이윤을 획득한 만큼 임금을 받게 된다. 이러한 성과제는 더 많은 노동시간과 더 높은 노동강도를 자발적으로 이끌어 내는 유인책으로 기능한다. 자본의 입장에서는 노동시간을 둘러싼 노동자들의 저항을 우회하고, 저비용·고이윤을 보장하는 획기적인 제도가 등장한 것이다.

성과제의 확산은 노동시간의 유연화와 맞물려 더욱 심각한 문제를 낳을 수 있다. 언제 일하고 언제 휴식을 취하는지 구분하기 어려워지는 변화 속에서, 실질적으로는 노동시간이 연장되고 있지만 도리어 임금 보상을 할 때는 노동시간을 휴식시간으로 간주해 버리는 것이다. 더 나아가 설령 노동을 했다 하더라도 이윤 확보로 이어지지 않는다면 임금을 줄 필요가 없다는 논리로까지 발전하고 있다. 이처럼 노동시간의 개념이 협소화되는 것과 동시에 노동에 대한 보상 역시 최소화된다.

6. 한국 노동시간 문제의 특수성

한국의 노동시간에는 서구가 지나쳐 온 과거가 담겨 있다. 초^超장시간 노동과 주야맞교대는 분명 2백여 년 전 산업혁명 초기의 모습과 닮아 있다. 노동조합이 생겨나지 않았고 노동자들이 아직 아무런 힘을 가지지 못했던 그 옛날, 노동자들은 하루 10시간 넘게 일했고, 밤을 새워 일했고, 휴일도 없이 주말에도 일해야 했다.

그런데 한국의 노동시간에는 서구가 아직 지나치지 못한 미래도 담겨 있다. 스마트폰으로 상징되는 첨단 정보기술이 노동조건을 변화시키고, 특수고용직 노동자를 비롯하여 많은 비정규직 노동자들을 겨냥해서 노동시간 유연화의 최신 기법이 확산되고 있다. 이를테면, 이제까지 당연히 노동으로 여겨졌던 많은 시간들이 대기시간으로 취급당하고, 찰나의 순간만이 노동으로 인정받아 '분급'으로 계산된다. 모든 것이 빨라지고 가변성이 커지는 시대, 한국의 노동시간은 그에 맞춰 어느 나라보다 빨리 변화하고 있다.

과거와 미래 속에서, 한국의 현재는 크게 고통받고 있다. 맞벌이 가구의 증가라는 현대적 변화와 함께, 육아는 당사자들에게 감당할 수 없을 정도로 버거운 문제가 된다. 고용의 유연화와 맞물려, 시간빈곤은 청년들에게 연애 같은 기본적 관계맺음마저 사치스러운 것으로 만든다. 장시간 노동과 직무 스트레스에 시달리는 중장년층에게 건강 문제는 심각한 위협으로 다가오고 있다.

한국 노동시간의 가장 큰 문제점은 무엇보다 실질 노동시간이 서구의 2배에 육박하는 초장시간 노동이다. 최근 통계를 살펴보면 평균 노동시간이 지속적으로 줄어들고 있음을 알 수 있다. 하지만 이는 장시간 노동자들이 줄어들고 있다기보다는 시간제 일자리로 대표되는 단시간 노동의 증가 때문이다. 즉 고용과 임금의 양극화와 더불어 노동시간의 양극화가 발생하고 있는 것이다. 이러한 변화는 최근 정부에서 장시간 노동 문제의 해결책으로 시간제 일자리 등의 노동시간 유연화 정책을 추진하는 것과 무관하지 않다.

어떠한 제도가 복잡하고 유동적이라는 것은 정보를 많이 가질수록 그리고 통제력이 클수록 제도를 효과적으로 활용할 수 있음을 의미한다. 결국, 노동시간을 선택할 수 있는 권리를 가지느냐에 따라 다양화와 유연화는 노동자에게 좋을 수도, 나쁠 수도 있는 것이다. 그런데 한국에서 유연화는 빠르게 도입되는 반면 노동자들의 권리에 대한 고려는 이루어지지 않고 있다. 이러한 현실에서, 시간의 유연화는 고용 및 임금의 유연화와 결합하여 낮은 질의 일자리를 양산하는 데 활용될 뿐이다. 유연화가 노동자의 시간주권을 강화하는 것이 아니라 오히려 자본의 시간 통제력을 높이는 데 기여하고 있기 때문이다.

일이 몰리는 시간에만 고용하는 시간제 일자리가 확산될 경우, 하루의 평균적 노동강도로 계산되던 일자리는 하루 중 가장 높은 노동강도가 기준이 되는 일자리로 바뀌게 될 것이다. 인력 수요가 생기더라도, 신규 고용을 하기보다는 기존 인력을 이리저리 배치하는 것으로 해결하게 될 것이다. 결국, 일자리 나누기를 통한 고용 창출이 고민되는 것이 아니라 도리어 구조조정을 통한 고용 감소가 예상된다. 한편, 심야노동과 주말노동, 초단시간 노동 같은 비표준적 노동시간에 대해 더 큰 보상이 주어지는 것이 아니라, 저임금 비정규직 노동자들에게 집중되면서 도리어 더 값싼 일자리로 전락하게 될 것이다. 열악한 노동조건에 대해 사회적 보호가 이루어지는 것이 아니라, 오히려 동일 시간 대비 효용이 떨어진다는 이유로 가치를 평가절하 당하는 것이다. 이러한 흐름이 계속된다면, 가뜩이나 강력한 자본의 권력이 더욱 강화될 수밖에 없다.

7. 노동시간 문제에 주목해야 하는 이유

현대 사회에서 시간은 구성원들에게 점점 더 문제적 사안이 되고 있다. 사람들의 삶은 시간이 더 많이 요구되는 방식으로 변화하고, 여가에 대한 관심이나 가족의 중요성이 증대되는 등 시간에 대한 욕구가 커지고 있지만, 거꾸로 현실에서는 점점 더 시간이 없어지고 있기 때문이다. 일터의 시간은 늘어나고 복지제도와 같은 사회적 지원은 부족한 상황이다. 사람들은 시간을 아껴 삶의 과제들을 처리하고 있지만, 누군가의 희생과 절제로 극복하는 것은 이미 한계상황에 이르고 있다.

상황의 심각성에도 불구하고, 문제를 해결하기 위한 사회적 논의는 충분히 이루어지지 않고 있다. 개인과 가족 단위에서의 고군분투는 계속되지만, 그들의 노력은 역설적으로 문제의 심각성이 수면 위로 떠오르지 않게 하는 데 기여할 뿐이다. 장시간 노동과 심야노동으로 인한 건강 피해, 여가 박탈과 소비 중독, 가족시간 부족으로 인한 관계 붕괴 등은 개개인의 문제로 여겨질 뿐, 그것이 노동시간과 교대제로 인한 구조적 결과라는 점이 드러나지 않고 있다.

어느 순간부터 한국 노동조합 운동의 힘은 점점 더 약화되고 있다. 다양한 원인들이 존재하겠지만, 무엇보다 노동자들의 집합적 정체성이 사라지고 있다는 점이 크게 작용하고 있다. 그리고 이러한 상실은 노동시간의 변화와 깊은 관련을 가진다. 일하는 사람들의 노동조건이 다양해지고 서로 만나고 교류할 기회가 줄어들면서, 노동자들의 공통적 경험이 사라지고 있다. 개별적 삶의 모습들이 다양해지면서, 노동조합을 통한 집단 교섭이 무력화되고 개인에 대한 자본의 통제가 더 위력을 발휘하게 된다. 또한 일터와 가정, 노동과 여가의 경계가 사라짐에 따라, 그리고 성과제가 확산됨에 따라, 자본과 노동이라는 임금노동 관계의 특성은 희미해진 채, 개인과 개인의 사적 계약 관계의 특성이 부각되고 있다. 노동자임에도 노동자의 정체성이 아니라 사업주의 정체성을 가지도록 만들어지는 것이다. 이러한 상황 속에서, 노동조건 개선을 위한 집단적 해결책의 가능성은 점점 더 사라져 갈지도 모른다.

하지만, 누군가의 노동시간은 그 개인과 가족의 삶의 모습을 규정하는, 그들이 어떤 생각을 가지고 어떻게 살아갈지를 규정하는 기본 틀거리이다. 노동자들이 시간의 무게에 짓눌린 개인으로 남아 있는 사회에서, 민주주의는 불가능하다. 시간 빈곤에 시달리는 이들에게 민주주의를 위한 관심과 참여는 사치에 지나지 않는다. 삶의 대부분의 시간을 차지하는 일터에서 자신의 목소리를 내지 못하고 강자의 명령에 복종해야만 하는 이들에게 민주주의를 경험하고 학습할 기회는 주어지지 않는다. 이윤을 위해 인간의 건강과 행복이 침해받는 것을 당연하게 받아들이는 사회에서, 오늘날 민주주의의 위기는 너무나도 자연스러운 결과일 것이다.

희망이 사라진 시대, 그만큼, 희망의 근거를 찾기 위한 노력이 소중한 시대가 되었다. 노동시간 단축은 그리고 시간에 대한 노동자들의 권리 확보는 근본적인 변화를 가능하게 잠재력을 지니고 있다. 더 이상 이윤이 아니라 인간이 우선임을, 생명과 건강 그리고 삶의 행복이 기준이 될 수 있음을 깨닫는 것은 우리 사회가 더 나은 방향으로 나아가는 계기가 될 수 있을 것이다.

2장

교대제의 본질 : 한없이 무이윤을 위한 프로젝트

2장 교대제의 본질 : 무한이윤을 위한 프로젝트

1. 교대제란 무엇인가

보통 교대란 한 가지 일을 여럿이 바꾸어 가며 이어 가는 것을 말한다. 따라서 하나의 업무를 여러 명이 차례로 이어서 근무하는 체계를 일컬어 교대근무제shift work(이하 교대제)라고 불렀다.

그러나 노동시간에 대한 자본의 기획이 다양하고 복잡한 양상을 띠면서 '여러 명이 차례로 이어서 근무하는 체계'라는 정의만으로는 포괄할 수 없는 비정형적 노동 형태가 늘어났다. 그런데 비정형적인 근무 형태로 일하는 노동자들이 겪는 여러 가지 문제들은 그동안 교대근무로 인한 문제들이라고 지적되어 왔던 것들과 다르지 않았다. 이에 서구 자본주의 사회에서는 교대제를 정상적인 낮시간 이외에 이루어지는 노동으로 좀더 확장해 정의하고 있다.

이들이 말하는 정상적인 낮시간의 근무란 일주일 중에는 월요일부터 금요일 사이, 하루 중에는 오전 7시에서 오후 7시 사이의 노동을 말하며, 하루 8시간 및 주 40시간 이하, 그리고 정상적인 식사

시간 및 휴식시간을 제외하고는 연속적으로 이루어지는 근무를 뜻한다. 즉 밤낮을 나누어 교대하지 않더라도 일상적으로 오후 7시를 넘도록 잔업을 하거나, 아침 7시 전부터 일을 시작하거나, 하루 8시간 또는 일주일에 40시간을 넘게 일하면 사실상 교대근무를 하는 것과 다를 바 없는 건강 문제들이 발생할 수 있다는 것이다. 이 기준에 따르면 한국 사회 노동자 대다수는 교대제로 인한 신체적, 정신적, 사회적 건강의 훼손을 일상적으로 경험하고 있는 셈이다.

일례로 최근 국내 자동차 산업을 중심으로 한 주간연속2교대제라는 근무 형태 변경의 결과를 꼼꼼하게 살펴볼 필요가 있다. 자동차 완성사 사업장의 노동자와 사업주는 이전의 초장시간 노동과 심야노동의 폐해로부터 노동시간을 일정하게 단축하고 심야노동을 줄였다. 이에 대한 현장노동자들의 반응은 건강과 여유와 관련하여 대부분 긍정적이다. 숙명처럼 여기며 일했던 주야맞교대라는 근무 형태를 개선한 결과다. 그러나 아직도 정상적인 낮시간 이외의 노동을 하고 있기 때문에 노동시간을 획기적으로 줄이고, 심야노동 나아가 교대노동 자체를 없애는 것을 통해 교대제로 인한 신체적·정신적·사회적 건강을 훼손당하지 않도록 해야 한다. 그래야 세계보건기구 WHO: World Health Organization가 권고하는 건강을 향유하는 행복한 노동자로 살 수 있다. 세계보건기구는 '건강이란 단순히 질병이 없는 상태가 아니라 육체적·정신적·사회적·(영적)으로 온전히 행복한 상태를 말한다'라고 정의하고 있다. 이 말을 노동자 관점에서 해석하면 '노동자 건강권이란 단순히 질병이나 사고를 당하지 않을 권리가 아니라, 육체적·정신적·사회적·(영적)으로 온전히 행복한 상태를 누릴 권리'이기 때문이다.

그런데 한국에서는 아직도 교대제를 지극히 협소한 의미로 해석하고 있다. 인터넷 포털사이트에서 교대제를 찾아보면 '동일한 노동에 종사하는 근로자가 일정 기간마다 주간근무와 야간근무를 번갈아 하는 제도'라는 설명이 나온다. 이런 설명대로라면 고정적인 야간근무나 이른 새벽에 출근해서 낮에 퇴근하는 근무 형태는 교대제라고 볼 수 없다. 심지어 과거 철도에서 수십 년간 행해 왔고 지금도 운수산업과 경비 및 관리 업무에서 흔히 실시하고 있는 교번제와 24시간 격일 근무 역시 교대제로 보기 어렵다.

노동부 또한 교대제를 매우 좁은 의미로 정의하고 있다. 노동부 홈페이지www.moel.go.kr의 노동용어 해설에서는 교대근무제를 다음과 같이 설명하고 있다.

근로자가 일정한 기일마다 근무시간이 다른 근무로 바꿔지는 근무 상태 혹은 제도를 말한다. 이 제도는 일반적인 생산설비를 쉬게 함이 없이 계속적으로 가동시켜 생산을 행하는 경우에 이용된다. 교대제근로의 대표적인 것은 3조 3교대제와 4조 3교대제라고 할 수 있는데, 8시간 근로의 원칙을 관철하려면 4조 3교대제를 채택하여야 한다. 교대제근로 시에 있어서 야간근로와 휴일근로에 대하여는 할증임금을 지급하여야 할 것이다. 한편 교대제근로는 근로자에게 생리적, 인간적, 문화적 악영향을 미치는 것이기 때문에 기업의 생산공정상의 특성성이나 사업의 공공성에 의한 경우가 아니라 기업 채산성을 이유로 한 경우까지 교대제근로에 의한 심야작업을 허용할 수 없다는 것이 일반적인 견해이다.

노동부의 해설은 인터넷 포털사이트에 비해 주간근무와 야간근무를 번갈아 하는 제도가 아니라 근무시간이 다른 근무로 바뀌지는 제도라고 본다는 정도가 나을 뿐이다. 포털사이트든 노동부의 용어 해설이든 교대제를 매우 협소한 의미로 정의하고 있는 것은 마찬가지이며, 더구나 노동부 해설의 경우에는 사실과 맞지 않은 내용까지 담겨 있다. 한국에서 가장 널리 사용되는 교대제 유형인 2조 2교대제는 언급되어 있지도 않은 채 대표적인 교대제 유형을 3조 3교대와 4조 3교대라고 한 것이다.

교대제가 노동자들에게 미치는 악영향 때문에 몇몇 예외적인 경우를 제외하고는 기업채산성, 즉 기업의 이윤율을 높이기 위한 목적으로 심야노동을 허용해서는 안 된다는 것이 일반적인 견해라고 말하는 것은 정당한 지적이다. 그러나 실제로 한국 제조업의 상황을 보면 바로 그 이윤율을 높이기 위한 목적으로 심야노동을 거리낌 없이 실행하고 있다.

게다가 노동부는 이런 일반적인 견해를 거스르면서 생산공정상의 특수성이나 사업의 공공성에 의한 경우가 아니라 기업채산성을 이유로 한 경우까지 교대제를 할 수 있도록 권장하고 있다. 교대제 근로자 근로기준법 적용지침(근기68201-574, 99. 11. 10.)에서는 전기, 가스, 운수, 수도, 통신, 병원 등 공익적 사업을 중지할 수 없는 경우와 철강, 석유화학 등 생산과정이 연속되어 작업을 중단할 수 없는 경우, 그리고 경영효율성을 위해 생산설비 완전가동, 기업간 경쟁 등의 사유로 조업 및 영업시간을 길게 하는 경우에 교대제를 쓸 수 있다고 명시하고 있다.

위의 세 가지 이유 중에서 교대제의 필요성이 어느 정도 인정되는 것은 첫번째와 두번째이다. 예컨대 24시간 가동이 필수적인 발전소나 병원, 야간운행이 요구되는 철도 등은 교대근무가 불가피한 측면이 있다. 그러나 앞의 노동부 용어해설에서도 지적하고 있듯이 세 번째 이유인 경영효율성을 목적으로 하는 것은 오직 자본의 이익을 위해 교대제를 실시하는 것이며, 그 자체로 필수 불가결한 것이 아니다. 현재 교대제를 시행하고 있는 대부분의 산업부문이 바로 이 경우에 해당된다는 것은 두말할 필요도 없다.

더욱이 교대제의 필요성이 인정되는 앞의 두 가지 경우에도 교대제는 극히 제한적으로 허용되어야 한다. 왜냐하면 한 산업부문에서 교대제가 적용되면 이와 관련이 있는 다른 산업부문으로 확산되는, 이른바 교대제가 교대제를 낳는 경향이 있기 때문이다. 24시간 365일 쉼 없이 돌아가는 세상을 당연시하게 되고, 여유와 휴가가 턱없이 부족하게 되며, 저녁이 없는 황폐한 삶으로 이어진다. 또한 공공부문 역시 이미 자본주의적 이윤 논리가 적용·확산되고 있는 현실을 염두에 둔다면, 단순히 공공서비스업이라는 사실만으로 심야노동과 교대제를 정당화시키는 것이 아니라 교대근무가 정말로 불가피한 직무인지를 꼼꼼히 따질 필요가 있다. 이렇게 따져 본 결과 현재로서는 교대근무를 할 수밖에 없는 직무가 있다 하더라도 공공의 필요 혹은 공익을 명분으로 노동자의 몸과 삶이 희생당하지 않도록 노동조건과 노동강도를 획기적으로 개선하는 것이 노동자의 원칙이자 전제가 되어야 할 것이다. 이는 정상적인 낮시간 이외의 노동을 하지 않는 것을 목표와 기준으로 삼아야 한다는 것을 의미한다. 노동자들의 몸과 삶의 필요를 자본의 이윤은 물론이고 그 무엇보다 가장 우선시해야 한다는 것이다.

국내에서 자동차 산업 노동자들에 의한 심야노동의 폐해를 개선하려는 노력은 꾸준하게 이어져 왔다. 1997년 대우그룹 부도 전에 대우차 노사가 합의했었지만 시행하지 못했던 경험, 2000년대 초반 케피코 노동조합 활동가들이 심야노동의 폐해에 대한 고민을 통해 주간연속2교대제라는 요구안 마련을 했던 경험, 2005년 현대자동차 노동조합 차원에서 진행한 주간연속2교대제를 위한 월급제 쟁취와 노동강도 강화 없는, 실질임금 삭감 없는, 고용 불안 없는 소위 3무원칙을 제시한 연구, '우리는 올빼미가 아니다'라며 심야노동 철폐를 위해 아직도 노동조합 탄압에 맞서 싸우고 있는 유성기업 노동자들의 저항, 2013년 완성차 사업장 노사 합의로 주간연속2교대제 시행과 그 전후에 연이은 자동차 부품사 사업장 노사 합의에 의한 주간연속2교대제가 이어지고 있는 경험들이 그것이다.

그러한 소중한 경험들은 정상적인 낮시간의 노동이 아니라는 점에서 여전히 불충분하다. 대부분의 노동자들이 꿈도 꾸지 않았고 꾸기도 어려웠던 주간연속2교대제를 이미 실행하고 있듯이, 획기적인 노동시간 단축과 함께 정상적인 낮시간 이외의 노동을 하지 않는 것은 필요하고 실현 가능하다. 정상적인 낮시간의 노동을 직접적인 목표로 삼아 구체적인 방안을 만들어 나가는 것을 통해 일하는 사람들의 꿈, 삶, 노동을 온전하고 안전하게 만들 수 있을 것이다.

2. 교대제와 이윤, 그 은밀한 관계

자본은 왜 마치 교대제가 필수적인 것처럼 선전하고 노동자들로 하여금 숙명처럼 받아들이게 할까? 교대제를 통해 보다 많은 이윤을 얻을 수 있기 때문이다. 이제 교대제와 이윤 사이의 은밀한 관계를 하나씩 살펴보자.

1) 이윤은 노동자들만이 만든다

대부분의 산업에는 기본적으로 상당한 규모의 고정자본 투자가 필요하다. 그러나 일하는 현장의 설비와 기계, 부자재들은 실제로 노동자들이 그것들을 작동하지 않는다면 아무짝에도 쓸모없는 글자 그대로 '고물'일 뿐이다. 이것은 대규모 사업장이 파업에 돌입했을 때, 자본이 그때마다 노동자들의 파업으로 인해 입는 손실이 매일 몇 억, 몇 십억에 달한다고 핏대를 올리는 것만 보아도 알 수 있다. 즉 자본이 획득하는 이윤은 설비나 기계장치 자체에서 저절로 나오는 것이 아니라 오직 노동자들이 그것들을 가동시킴으로써만 얻어지는 것이며, 이 과정에서 이윤의 원천인 잉여가치가 창출되는 것이다.

이런 의미에서 마르크스는 기계나 원료 등과 같이 노동자들이 노동하지 않으면 스스로 아무런 이윤도 가져다주지 못하는 형태의 자본을 불변자본, 실제로 이윤의 원천인 잉여가치를 창출하는 노동자들의 노동력을 가변자본이라고 정의하였다. 따라서 이윤의 크기는 노동자들이 얼마나 오랜 시간 노동하는가, 그리고 얼마나 높은 노동강도로 일하는가에 따라 결정된다. 자본이 생산성 향상에 사활을 거는 이유가 여기에 있다.

이를 좀더 자세히 살펴보자. 마르크스에 따르면, 일반적으로 자본가가 투하한 자본이 순환하면서 이윤을 획득하기 위해서는 다음과 같은 단계들을 거치게 된다.

$$M — C(MP, L) \cdots P \cdots C' — M'$$

여기서 M은 자본가가 투하한 화폐자본, C는 그 화폐자본으로 구입한 생산수단(MP)과 노동력(L)을 가리키며, P는 생산과정, C′은 생산과정을 거친 후 노동자가 만들어 낸 잉여가치가 포함된 생산물(상품), M′은 이 생산물을 팔아서 자본가가 이윤을 실현한 것을 가리킨다. 따라서 M′은 M보다 크며, 이 M′과 M의 차이가 자본가의 이윤이 되는 것이다.

이것을 자동차 산업에 대비시켜 보면, 생산에 필요한 공장과 사무실을 지어 프레스, 차체, 도장, 조립 등에 필요한 기계와 컨베이어시설 등 생산시설을 설치하고 자동차 생산에 필요한 철판과 필요 부품과 원료를 구입하여, 생산을 할 노동자들을 고용하는 것은 M—C 단계 즉 자본 투자과정에 해당하고, 노동자들이 기계와 설비를 이용하여 자동차 완성에 필요한 철판을 자르고, 차체를 조립하며, 도장을 해서 조립을 하는 생산의 전 과정은 C⋯P⋯C′ 단계인 노동 혹은 생산과정이며, 판매노동자들의 노동으로 완성차를 판매해 이윤을 실현하는 과정은 C′—M′ 단계로, 노동자들이 노동을 통해 만든 잉여가치를 포함한 완성차를 판매해서 이윤을 확보하는 과정에 해당한다.

그런데 이 단계들 중에서 자본가가 얻는 이윤의 원천인 잉여가치가 창출되는 것은 오직 생산과정(C⋯P⋯C′)에서뿐이다. 건물과 설비 및 원자재가 잉여가치를 만드는 데 필요한 요소이기는 하지만, 노동자들의 노동이 없다면 공장과 기계와 원자재 등은 콘크리트와

고철에 불과하다. 가동하지 않는 임대 광고가 붙은 건물과 설비를 생각해 보면 확실하다.

바로 그렇기 때문에 자본가들은 이 과정에서 노동자들의 노동력을 최대한으로 소모시켜 1분 1초만큼의 잉여가치라도 더 만들어 내려고 안달한다. 또한 '생산관리'가 이 과정에 집중되었던 이유 역시 이 과정이 이윤을 결정하는 핵심이기 때문이다. 물론 생산성 향상을 위한 '생산관리'는 바로 지금 이 순간에도 여러 가지 얼굴로 현장 깊숙이 들어와 있다. 기초질서 지키기 운동, 모답스(노동자의 작업동작을 0.129초 단위로 쪼개 기획 통제), 3정 5S운동(정량, 정품, 정위치와 정리整理: 일본어로 SEIRI, 정돈整頓: 일본어로 SEITON, 청소淸掃: 일본어로 SEISO, 청결淸潔: 일본어로 SEIKETSU, 습관화仕付け: 일본어로 SHITSUKE), 6시그마 운동 (100만 개의 제품 중 불량품을 4개 이하로), U-DAP 교육(생산성 향상은 바로 당신이 답이다), 뉴패러다임 운동, 좋은 일자리 만들기 등이 그 대표적인 사례다. 이밖에도 자본은 실질적인 이윤율 저하를 막기 위해 온갖 기법들을 총동원하고 있다. 유연생산체제와 노사 상생이데올로기를 확립하고, 이윤이란 그 어떤 것에 의해서도 도전받거나 침해되어서는 안 되는 '철옹성'이며 '절대선'임을 노동자의 몸과 삶, 생각에 각인시키기 위해 공세적이고도 총체적으로 움직이고 있다.

자본의 입장에서 볼 때, 막대한 비용이 들어간 설비와 기계장치들을 한시라도 가동하지 않고 놀리는 것은 이윤의 원천인 잉여가치의 생산이 중단되는 그야말로 안타까운 일이 아닐 수 없다. 자본의 입장에서는 가능한 한 24시간 기계를 쉬지 않고 돌리는 것, 즉 생산을 끊임없이 계속하는 것이 유리하다. 특히 자본가가 투하하는 총자본 가운데 고정자본의 투자비율이 매우 높은 산업일수록 이러한 요구는 더욱 절실할 수밖에 없다.

그 결과 자본은 노동자들이 하루 24시간 계속해서 노동하기를 원한다. 그러나 살아 있는 유기체인 인간이 쉬지 않고 노동할 수 있는 시간에는 한계가 있다. 이 때문에 자본은 장치 산업이나 자동차 산업, 반도체 산업 등 고정자본의 투자비율이 크면 클수록 공장 가동 시간을 최대한 늘려서 설비를 사실상 24시간 365일 내내 가동시키려고 한다. 그 방안의 하나로 교대제에 집착하게 되는 것이다.

최근 자동차 산업의 한 사업장에서 운영 중인 근무 형태를 보면 더욱 확실하다. 이전에는 주야 10시간씩 맞교대근무를 하다가 심야 노동과 장시간 노동의 폐해로 인한 악영향을 개선하기 위해 주간연속2교대제를 도입 운영한 사례이다. 1조 8시간 근무와 2조 9시간 근무로 상시 주간근무자와 1조는 아침 7시부터 오후 3시 40분까지 일하고, 2조는 오후 3시 40분부터 새벽 1시 20분까지 일한다. 문제는 새벽 1시 20분부터 아침 7시까지 기계 가동이 중단되는 시간인데, 2조가 필요시 연장근무를 할 수 있도록 해서 물량수요를 적기에 생산할 수 있는 시스템을 구축했다. 어느 한 사업장은 주간연속2교대제로 인해 생긴 비가동시간에만 일을 하는 심야근무조를 새로 만들어 운영하기도 한다. 이뿐만이 아니다. 이전에 생산했던 물량을 줄어든 노동시간 안에 만들기 위해 단위시간당 생산량을 늘리고, 실제 생산 가동시간을 늘리기 위해 휴게시간과 점심시간을 줄이고, 근무시간 중에 했던 안전보건교육을 근무 이외 시간으로 바꿨다. 공장 가동일을 늘리기 위해 노사가 합의했던 유급휴일을 줄이기도 했다. 이도 부족하면 토요일이나 일요일에도 일할 수 있도록 했다.

2) 생산의 극대화와 불변자본 사용의 절약

지금 전 세계의 주요 산업들은 만성적인 과잉생산에 허덕이고 있다. 이러한 상황에서 24시간 쉬지 않고 기계를 가동함으로써 생산량을 가능한 한 늘리겠다는 생각은 얼핏 모순으로 보일 수도 있다. 그러나 사정은 그렇지 않다. 대부분의 산업부문이 전 세계적인 과잉공급, 과잉설비로 고통받고 있는 것은 사실이지만 개별 자본들의 입장에서 볼 때, 자신이 생산규모를 축소하여 과잉을 해소하려는 생각은 자살 행위나 다름없다. 그만큼 다른 자본들이 더 많은 상품을 생산하여 시장을 잠식해 들어올 것이기 때문이다.

따라서 이미 막대한 규모로 과잉생산하고 있음에도 개별 자본의 입장에서는 생산규모를 축소하기보다는 더욱 늘리는 선택을 할 수밖에 없다. 그 결과 과잉생산은 더욱 심화될 뿐만 아니라 자본이 주로 노동자의 희생을 대가로 치르며 실행해 온 다양한 위기극복 전략에도 불구하고 더욱더 치열한 경쟁전을 낳을 뿐이다.

그리고 자본에게는 이러한 경쟁전에서 살아남기 위해서 비용절감, 즉 제품 한 개당 생산비용을 줄이는 것이 사활을 건 문제가 된다. 여기에 바로 자본이 교대제를 이용하는 두번째 이유가 있다.

모든 자본들은 다른 자본과의 경쟁에서 살아남기 위해 생산규모를 최소한 유지 내지는 확대해야 하는 상황이며, 그러면서도 포화상태인 시장에서 경쟁하기 위해 보다 값싸게 상품을 생산해 내야 한다. 그렇다면 자본의 입장에서는 생산비용 중에서 가장 큰 비중을 차지하는 고정불변자본을 어떻게든 '절약'해야 할 것이다. 그러나 갈수록 치열해지는 경쟁에서 뒤처지지 않기 위해서는 보다 빠르게, 보다 더 나은 품질의 상품을 생산해 내야 하며, 이를 위해서는 지속적으로 생산시설을 개선해야 한다. 즉 막대한 설비투자에 들어가는 비용을 어떻게든 절약해야 하지만, 동시에 이 비용을 지속적으로 지출하지 않으면 경쟁에서 뒤처질 수밖에 없는 모순적인 상황에 빠져 있는 것이다.

결국 자본이 할 수 있는 가장 확실한 선택은 기왕에 투자된 시설을 놀리는 시간 없이 가동하는 것뿐이다. 예를 들어 보자. 매일 8시간 동안 가동해서 연간 30만 대의 자동차를 생산할 수 있는 공장설비가 있다면, 자본은 주야맞교대 혹은 8시간 3교대 등 교대근무제를 통해 연간 90만 대의 자동차를 뽑아낼 수 있다. 그렇지만 만약 교대제 없이 연간 90만 대를 생산하려 한다면, 이 자본은 막대한 비용을 들여 같은 규모의 공장을 추가로 지어야 할 것이다. 노동자들이 하루 8시간만 노동한다면, 두 개의 공장을 더 지어야 하며, 하루에 12시간을 노동한다고 하더라도 90만 대 생산을 위해서는 추가로 공장 하나를 더 지어야 한다. 그렇다면 자본의 입장에서 볼 때, 막대한 설비투자 비용을 지출하는 것보다 노동자들에게 야간노동수당을 더 지불하고 기왕에 지어진 공장의 설비를 24시간 가동하는 것이 훨씬 싸게 먹히는 방법이 된다.

3) 가변자본 부담을 줄여라

자본주의 생산과정이 이전 생산방식과 본질적으로 다른 점 중 하나는 생산과정이 단지 가치를 만들어 내기만 하는 가치형성과정에 그치지 않고, 생산에 투입된 가치의 양에 비해 더 큰 가치를 만들어 내는 가치증식과정으로 변했다는 점이다. 예컨대 자동차를 만드는 과정을 살펴보자. 가치형성과정은 자동차를 만드는 노동은 철판과 설비라는 가치를 그대로 이전함과 동시에 자동차라는 새로운 가치를 만든다는 의미이며, 가치증식과정은 자동차를 만드는 노동과정에서 추가로 잉여가치를 만든다는 의미로 이해할 수 있을 것이다. 이 과정에서 가치를 증식하는 것은 노동자였지만 노동자들이 노동을 통해 늘린 가치는 자본가의 이윤으로 돌아갔다.

가령 하루 임금이 10,000원인 노동자가 하루에 10시간을 일해서 만들어 낸 생산물이 20,000원에 판매된다고 하자. 이때 노동자가 일한 10시간 중에서 5시간은 자기의 임금을 위해 노동한 것이며 이를 필요노동시간이라고 한다. 그렇다면 총 노동시간 10시간 중 필요노동시간을 제외한 나머지 5시간은 노동자가 자기의 임금 이외의 가치를 추가로 생산하기 위해 노동한 것이다. 이렇게 추가로 생산된 가치를 잉여가치라 하며, 이 경우 잉여가치는 최종 생산된 20,000원의 가치에서 노동자의 임금에 해당하는 가치 10,000원을 뺀 나머지 10,000원이 된다. 이 노동자는 1시간에 1,000원, 10시간에 10,000원의 잉여가치를 생산한 것이다. 즉 잉여가치율 또는 착취율(잉여가치÷임금×100)은 100%이다.

그런데 만일 이 자본가가 임금은 그대로 둔 채 노동시간을 12시간으로 늘렸다고 가정해 보자. 이 노동자는 1시간에 1,000원의 잉여가치를 만들어 내기 때문에 12시간 동안 12,000원의 잉여가치를 남긴다. 임금 10,000원을 투입하여 12,000원의 잉여가치를 남겼으니 잉여가치율은 120%로 올라간다. 임금을 10%가량 더 준다고 해도 잉여가치율은 110%가 되니 자본가로서는 노동시간을 늘릴수록 더 효율적으로 이윤을 얻는 셈이다. 이처럼 노동시간을 물리적으로 연장시켜서 만들어 내는 잉여가치를 '절대적 잉여가치'라고 한다.

한편 이 노동자가 하루 임금 10,000원을 받고 10시간씩 일하는데, 종전과 달리 하루에 20,000원이 아니라 22,000원어치의 생산품을 만들어 내게 되었다고 가정해 보자. 이때 잉여가치는 22,000원에서 노동자의 임금에 해당하는 가치 10,000원을 뺀 나머지 12,000원이 되며, 잉여가치율은 120%가 된다. 생산성 향상을 위해 기계를 개선하거나 기술을 가르치느라고 임금의 10%에 해당하는 추가비용이 들더라도 잉여가치율은 110%가 된다. 이 노동자는 1시간 동안 1,000원에서 1,200원의 잉여가치를 만들어 내게 되었다. '생산성'이 향상된 것이다. 이처럼 단위시간당 생산효율과 노동강도를 높여서 얻는 잉여가치를 '상대적 잉여가치'라 한다.

자본주의 생산과정이 이전 시대와 본질적으로 달라진 또 다른점은 이윤 극대화를 목표로 자본이 노동과정을 직접 기획·조직하게 되었다는 것이다. 노동시간의 외연적 길이가 절대적 잉여가치를 결정하고, 노동시간의 내포적 길이, 즉 노동강도가 상대적 잉여가치를 결정한다는 것은 한마디로 노동시간을 어떻게 조직하느냐에 따라 잉여가치율이 좌우된다는 뜻이다. 따라서 자본가들은 몇 시부터 몇 시까지 노동할 것인가, 한 달에 며칠간 노동할 것인가, 얼마나 빨리 일할 것인가, 얼마나 자주 쉴 것인가 등 노동시간의 양과 질을 직접 기획하고 조직하기 시작했다.

때문에 단위시간당 생산효율과 노동강도를 높이는 것과 동시에 임금을 삭감하거나 줄일 수 있다면 자본은 더욱 큰 이윤을 챙길 수 있다. 절대적인 노동시간에 갇힌 시간급 임금체계와 성과에 기초한 성과급 임금체계는 노동자들이 사회구성원으로서 누려야 할 필요를 더욱 낮게 만들면서, 더 많은 노동시간을 스스로 원하게 하는 것처럼 강요하고, 비정규직으로 대표되는 불안정한 고용관계를 감내케 만든다. '마른 수건도 다시 짠다'는 도요타류 경영방식은 이미 도요타만의 것이 아니다. 자본은 현실에서 더 많은 이윤을 위해 더 높은 노동강도와 더 낮은 임금을 노동자들에게 강제한다.

이는 2015년 쟁점이 되고 있는 대표적인 완성차 사측의 의견을 통해서도 확인할 수 있다. 2015년 3월 기아자동차 사측은 상여금을 통상임금에 포함시키더라도 현재 총액임금은 유지하겠다고 밝혔다. 현대차 사측은 2015년 4월에 '기본급+제수당+상여금+연장특근수당+연월차수당'으로 구성된 현재의 임금항목을 '기초급+직무수당(직무급)+부가급+연장특근수당+연월차수당'으로 그 구성항목을 바꾸자며 새 임금체계안을 제시했다. 자본은 지출 임금 총액을 동결 혹은 줄이면서, 임금 합리화라는 명분으로 직무와 성과에 기초한 임금체계를 전면화하는 것을 통해 가변자본의 부담을 줄이면서 노동강도를 높이고, 노동에 대한 자본의 통제력을 절대화하겠다는 의도를 분명히 하였다.

4) 유연생산체제 구축을 통한 노동강도의 강화

신자유주의 구조조정이 만들어 낸 유연생산체제는 생산성 향상을 목표로 한다. 생산성 향상이란 단위 노동일/노동시간 내의 노동밀도를 높이는 것, 즉 노동강도 강화를 뜻한다. 또한 여기에는 반드시 노동자의 단결과 투쟁의 힘을 무력화하려는 시도가 병행된다. 옆쪽의 현대자동차의 노동강도 강화 기전 연구 결과를 통해 좀더 구체적으

로 살펴보자.한국노동안전보건연구소,『현대자동차 노동강도 평가와 대안 마련을 위한
연구』, 2005, 464~471쪽. 연구결과는 현대자동차에 국한되는 것이 아니라
IMF 이후 제조업 노동자들이 겪고 있는 공통적인 상황이라는 점에
서 주목할 필요가 있다.

[그림 1] 구조조정에 따른 노동강도 강화 기전

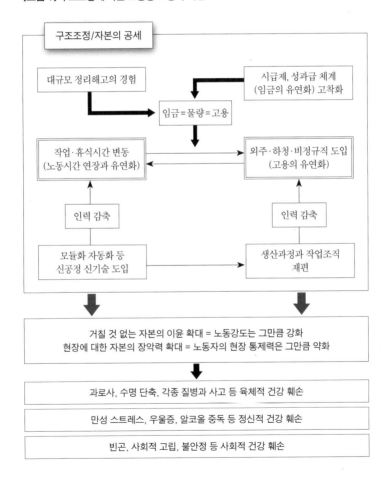

앞의 [그림 1]에서 볼 수 있듯, 현재 자본의 구조조정은 각종 다양한 방법들을 총동원하고 있는 양상을 보인다. 대량 정리해고와 같은 단일한 방식을 전 공장에 걸쳐 특정 시기에 집중하는 예전 방식으로는 노동자의 조직적 대응과 저항에 맞닥뜨리기 쉬울 뿐 아니라, 그에 따른 비용 부담도 만만치 않다. 따라서 이제는 각 공장마다, 부서마다, 반마다, 노동자 한 사람 한 사람마다 서로 다른 시기에 서로 다른 내용으로 구조조정을 추진하고 있다. 그렇다고 대규모 희망퇴직이나 정리해고를 안 한다는 것은 아니다.

구조조정 양상이 변화함에 따라, 그에 따른 노동강도 강화과정도 변화한다. 즉, 구조조정에 따른 노동조건과 노동과정의 변화가 진행되면서 노동강도가 꾸준히 강화되어 왔지만, 그 내용과 시기가 다양하여 노동강도의 실태를 한눈에 알기 어렵다. 예컨대, 자동화의 도입만 보더라도 어떤 노동자는 자동화 이후 기계의 24시간 가동을 위해 휴식과 여유시간이 줄어들었고, 또 어떤 노동자는 담당 업무의 종류가 많아졌고, 또 어떤 노동자는 작업속도가 빨라졌고, 또 어떤 노동자는 자동화와 함께 작업 인원이 감소하여 생산량이 늘어나는 등 실로 다양한 양상으로 노동강도가 강화되고 있다. 현장에는 아직 자동화를 경험해 보지 않은 이들도 적지 않다. 개별 완성사 차원에서 노동강도 강화가 여의치 않으면 전체 생산시스템 차원에서 보다 하위에 위치한 사업장과 노동자에게 부담을 전가함으로써 문제를 해결하는 것 역시 주목해야 한다.

이렇듯 노동강도 강화 양상이 특정 시기에 집중되어 이루어지지 않고 시공간적으로 분산되어 있기 때문에 전체 현장에서 노동강도가 어떻게 강화되어 왔으며 지금 어떤 수준에 있는가를 파악하기

란 매우 어렵다. 또한 노동강도 강화로 노동자의 몸과 삶이 얼마나 망가져 가는지, 노동자의 몸과 삶을 지키기 위하여 노동강도를 낮추려면 무엇을 어떻게 해야 하는지를 집단적으로 모색하는 일도 수월치 않다.

그런데 바로 이렇게 개별 노동자들을 서로 다른 입장과 처지에 놓이도록 조장하여 조직적인 저항과 단결을 방해하는 것 또한 자본이 노리는 것이다. 즉, 개별 노동자들의 서로 다른 입장과 처지가 갖는 공통 원인을 밝히기 어렵게 함으로써, 이에 대한 노동의 저항을 자본의 이윤에 대한 근본적인 문제제기나 집단적 저항이 아니라 단지 '이윤의 파이를 키워 노동자에게도 더 나누어 달라'는 수준으로 통제하려는 것이다. 유연생산체제를 일상적으로 정착시키고, 지구 전체 수준에서 신자유주의 구조조정을 관철시키며, 노자관계마저도 유연화하려는 자본의 공세를 구체적으로 해명하지 않는 한, 노동강도에 맞서는 과정이나 결과에서 자본의 의도에 갇히고 말 것이다. 따라서 이러한 장애물을 넘어 노동강도를 낮추는 실천의 고리를 찾기 위하여 현재 노동강도 강화의 핵심이 무엇인지를 분석하여 인식하는 것이 매우 중요하다.

자동차 완성사들의 경우, 대규모 정리해고 등과 같은 구조조정 이후 노동강도가 급격히 강화되었다는 점은 여러 노동자들의 증언을 통해 확인되었다. 자본은 정리해고를 신호탄 삼아 그 이후로도 유연생산체계 완성을 위한 구조조정을 집요하게 추진해 왔다. 구조조정의 양상은 양적인 구조조정에서 질적인 구조조정으로, 전 공장을 단시간에 뒤흔드는 방식에서 공장별, 작업 단위별로 일상적으로 진행하는 방식으로 변화해 왔다.

이러한 구조조정 공세의 내용은 ㉠인력 감축, ㉡외주·하청 등 고용 형태의 변화를 통한 고용의 유연화, ㉢시급제·성과급 등에 기초한 임금의 유연화, ㉣작업시간·휴식시간 변동 등 노동시간 연장과 유연화, ㉤모듈화·자동화 등 신공정과 신기술 도입, ㉥생산과정의 작업조직 변화 등 6대 요소로 정리할 수 있다.

이 요소들은 하나가 도입되면 연달아 제2, 제3의 구조조정 요소들을 끌어들여 쉬지 않는 구조조정, 즉 구조조정의 일상화를 낳고 있다. 또한 그 속에는 노동자 스스로 자신의 몸과 삶에 대한 권리보다 자본의 생산기획과 제품의 품질을 우선으로 여기도록 만들기 위한, 그리하여 일상적 구조조정을 보다 효율적으로 진행하기 위한 현장 통제 전략을 포함하고 있다.

그 결과, 자본은 제한없는 이윤 확대를 이루고 현장 장악력을 한층 높일 수 있게 되었다. 그러나 자본과 노동의 득실은 결코 상생할 수 없었다. 자본이 거두어들인 만큼 노동자는 잃어 왔다. 확대된 이윤의 규모만큼 노동강도는 강화되었으며, 자본의 현장 장악력이 커진 만큼 노동자의 조직력과 현장 통제력은 약화되어 왔다. 현장 통제력이 약화되고 노동강도가 강화됨에 따라 노동자는 공장 안에서 온갖 질병과 사고의 위험에 무방비 상태로 노출되고 있으며, 공장 밖에서의 여가와 일상조차 척박하기 그지없는 처지에 놓였다. 노동자가 자신의 몸과 마음을 내어준 대가로 얻은 것은 갑작스런 과로사나 사고사, 장기간에 걸친 교대근무를 통한 수명 단축, 각종 직업병과 후유 장애 등이며, 노동자의 삶을 내어주고 얻은 것은 스트레스와 피로를 풀 틈조차 없어 도무지 살맛이라고는 찾아볼 수 없는 황폐한 나날들일 뿐이다.

비단 이 공장의 사례뿐 아니라, 유연생산체제는 도처에서 임금, 고용, 노사관계 유연화를 중심으로 전면화되고 있다. 아래 [그림 2]에서 보듯 자본은 생산시간을 중심으로 생산 전반을 서열화한 '적기생산JUST-IN-TIME 시스템'을 넘어 이제는 생산과 연동된 모든 상황에 조응할 수 있는 'JUST-IN-SEQUENCE 시스템'으로 전환하고 있다. 이런 유연생산체제는 글로벌 생산체제라는 이름으로 국경을 넘어 전 지구적으로 확대되고 있다.

[그림 2] 유연생산체제의 특징

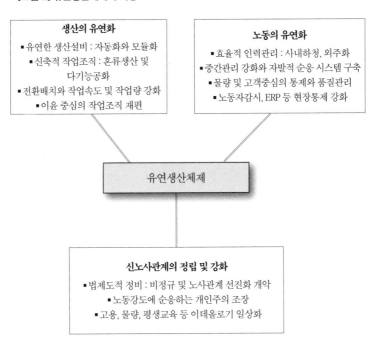

생산의 유연화
- 유연한 생산설비 : 자동화와 모듈화
- 신축적 작업조직 : 혼류생산 및 다기능공화
- 전환배치와 작업속도 및 작업량 강화
- 이윤 중심의 작업조직 재편

노동의 유연화
- 효율적 인력관리 : 사내하청, 외주화
- 중간관리 강화와 자발적 순응 시스템 구축
- 물량 및 고객중심의 통제와 품질관리
- 노동자감시, ERP 등 현장통제 강화

유연생산체제

신노사관계의 정립 및 강화
- 법제도적 정비 : 비정규 및 노사관계 선진화 개악
- 노동강도에 순응하는 개인주의 조장
- 고용, 물량, 평생교육 등 이데올로기 일상화

이러한 자본의 의도와 행보에 정부도 발맞추고 있다. 이미 정리해고제, 변형근로제, 파견제가 법제화되어 광범위한 비정규 노동자를 확산시키고 있으며, 최저임금제도를 통해 결정하는 해당 연도 최저임금 고시액이 최저선이 아니라 최고선 혹은 기준선으로 활용되어 저임금 체계를 고착시키고 있다. 그런데도 비정규직 노동 관련 개악과 노사관계 선진화 방안 법제화 시도, 임금피크제, 시간제 일자리 등 좋은 일자리 대책, 노동시장 구조개혁 등 법제도적인 근거를 확보해 주려고 안달이다. 자본과 정부의 의도와 행보가 유연생산체제의 고착화와 전면화를 통한 소위 '국가 경쟁력 확대'라는 명분으로 하고 있지만, 이는 1%만의 무한질주를 부채질하여 99%에 해당하는 대부분의 사회구성원들의 몸과 마음 나아가 삶을 황폐화시킬 것이 분명하다.

3. 이윤을 향해 한걸음 더— 자본의 교대제 활용

현재 한국 사회에서 교대제 문제에 대한 자본과 정부의 입장은 크게 두 가지로 나누어 볼 수 있다. 아마도 한국 자본가 다수의 입장을 대표하는 것은 저임금 초장시간에 기반한 억압적인 노동체제로서 주5일, 주40시간 노동이라는 흐름에 대해 노골적인 거부감을 표현하며 노동시간 단축을 공공연하게 반대하는 것은 물론 장시간 노동을 법적으로 공식화하면서 기존 교대 형태를 고수하거나 심지어 더욱 후퇴한 교대 형태를 도입하려는 입장일 것이다.

또 다른 흐름이 있다. 노동시간 유연화와 고용유연화 등을 관철한 교대제 개선을 통해 노동시간을 줄이고 일자리를 늘리며 생산성도 높이자며 착취를 고도화한 유연노동체제가 그것이다. 이른바 법제도로 고착된 '정리해고제', '파견제', '변형근로제'는 물론이고, '뉴패러다임', '시간제 일자리', '임금피크제', '성과 평가에 의한 일반해고 강화' 등이 그 예이다. 뉴패러다임의 모범 사례로 꼽히는 곳은 유한킴벌리이다. IMF 시기 대부분의 기업이 정리해고 등 인력 구조조정을 통해 경영 위기를 극복했던 것과 달리, 유한킴벌리는 4조 2교대제를 도입하여 인력을 줄이지 않고도 오히려 생산성을 높여 노사 상생의 가능성을 실현했다는 것이다.

뉴패러다임 등 착취를 고도화한 유연노동체제에 빗대어 볼 때 앞에서 말한 다수의 입장은 낡은 '억압적 노동체제'라고 부를 수 있다. 유연노동체제로 변화해야 한다는 이들은 더 이상 '억압적 노동체제'에서 전망을 찾을 수 없다고 주장한다. '억압적 노동체제'를 선호하는 이들은 법제도로 고착된 '정리해고제', '파견제', '변형근로제'는 흔쾌히 받아들이면서도, 뉴패러다임 방식의 착취를 고도화한 유연노동체제가 아직 시기상조라고 주장한다. 두 입장은 언뜻 서로 갈등·대립하는 것처럼 보이기도 한다. 물론 장시간 노동과 교대제를 당장 개선하고 뉴패러다임 방식과 같은 착취를 고도화하자는 유연노동체제와 아직은 그럴 수 없다는 억압적 노동체제가 서로 다른 것은 분명하다. 억압적 노동체제에서는 장시간 노동과 철야근무를 포함한 심야노동을 억압적으로 강요하나, 유연노동체제에서는 개인별로 노동시간 및 심야노동시간을 줄이지만 노동자들에게 높은 노동강도에 순응케 하고 내면화를 강요한다는 점에서 그렇다. 그러나 또 하나 분명한 사실은 둘 다 이윤을 극대화하기 위해 쉼 없는 생산과

정에서 억압과 착취를 일상화하려는 자본의 필요에 뿌리를 두고 있
다는 점이다. 마치 대립하는 것 같아 보이는 억압적 노동체제와 유연
노동체제는 자본의 필요와 상황에 따라 이윤을 극대화하기 위해 어
느 하나가 선택되기도 하지만 두 가지가 섞여서 활용되기도 하는 현
실이다.

　　또한 착취를 고도화한 유연노동체제를 고착화하고 전면화하려
는 최근의 시도도 눈여겨볼 필요가 있다. 활기찬 일터와 행복한 노사
를 과제로 삼아 신뢰받는 고용노동전문기관을 비전으로 삼는 '노사
발전재단'과 고용노동부 및 한국고용정보원에서 운영하는 '임금근
로시간정보시스템'의 문제의식과 컨설팅 활동이 그것이다. 이제 구
체적으로 살펴보자.

1) 억압적 노동체제는 초장시간 노동[*]을 위한 기존 교대제 고수

자본이 교대제를 사용하는 이유 가운데 하나는 생산을 끊임없이 계
속해서 잉여가치(이윤)를 최대한 많이 만들어 내는 데 있다. 설비를
한순간도 놀리지 않고 가동시킴으로써 설비 투자 비용을 최소화하
려는 것이다. 따라서 만일 노동자가 견딜 수만 있다면, 그리고 저항
하지만 않는다면, 아마도 자본은 모든 노동자가 단 한순간도 쉬지 않
고 24시간 365일 내내 일하도록 시키고 싶을 것이다. 그러나 노동자
는 유한한 체력을 가진 생명체이므로 결코 그렇게 일할 수 없다. 노
동자는 기계가 아니라 사람이기 때문이다. 자본의 필요에 따라 시키

---

[*] 한국노동연구원의 「근로시간 실태조사」(2002)에서 따온 표현임.

면 시키는 대로 일하는 임금에 매인 노예가 아니라 사람답게 살기 위해 노동시간, 임금, 고용 등 노동조건 전반을 개선하기 위해 저항해 왔다.

이러한 저항과 투쟁으로 노동시간을 줄이지 않을 수 없게 되자 자본은 노동자 한 사람의 노동시간을 줄이더라도 생산을 쉼 없이 지속할 수 있는 방안으로 교대제를 선택했다. 물론 가능하면 더 적은 비용으로 더 많이 생산하기 위해, 즉 효율을 높이기 위해 1인당 노동시간을 최대한 늘리고 저임금을 유지하고자 애쓴다. 노동자가 저항하지 않는다면, 그리고 견뎌낼 수만 있다면, 가장 적은 수의 교대조를 유지할수록 자본에게 유리한 것이다.

많은 사업주들이 4조 3교대보다는 3조 2교대를, 또 그보다는 2조 2교대를 선호하는 이유가 바로 여기에 있다. 이렇게 낡은 교대제를 유지하면서 저임금 초장시간 노동을 이어 가려는 자본의 입장을 일컬어 앞에서 말한 '억압적 노동체제'라 할 수 있다. 노동부가 2002년 발표한바, 교대제를 실시하고 있는 기업들의 절반이 2조 2교대를 채택하고 있다는 사실에서 한국의 노동현장을 지배하고 있는 것이 바로 억압적 노동체제라는 것을 알 수 있다.

노동자들은 억압적인 노동체제가 관철된 교대제의 노동조건에 순응하고 있지만은 않았다. 고용안정을 전제로 하여 퇴직 후에도 건강하게 살 수 있는 적절한 노동, 즉 더 편하고 더 쉽고 더 안전하게 일할 노동조건을 만들기 위해 부단히 노력해 왔다. 사람답게 살기 위해 노동사들이 주목한 것은 '노동시간 단축, 심야노동 철폐, 생활임금 쟁취'였다. 노동자 역시 자본이 그러하듯 ──다만 그 방향은 다르다── 교대제는 애초에 자본과 노동의 필요가 서로 투쟁하고 타협하는 과정에서 만들어졌듯이, 지금도 계속 자본과 노동의 힘겨루기를 통해 변해 가는 중이다.

노동자를 더 싼값에 더 오래 일하게 해야 한다는 억압적 노동체제는, 살아남기 위해 이윤을 극대화해야 하고 이윤을 극대화하기 위해 노동력을 더 착취해야 하는 자본의 숙명적인 필요를 노골적으로 담고 있다. 그렇기 때문에 억압적 노동체제는 노동과 자본의 힘겨루기 과정에서 노동자의 힘이 한풀 꺾이거나 자본에게 심각한 위기 순간이 닥치면 여지없이 고개를 쳐든다. 이는 20세기 말부터 세계 경제의 위기와 노동자 투쟁의 약화를 틈타 노동시간 연장, 교대제 증가 등 노동조건의 악화와 퇴행 현상이 전 세계적으로 일어나고 있다는 사실, 즉 신자유주의 세계화에서도 분명히 확인된다. 미국 등 이른바 선진자본주의 국가들에서 노동시간이 점점 길어지고 있는 것이 그 단적인 예다.

2003년에 법이 공포된 주 40시간 노동제가 유명무실할 정도로 장시간 노동이 만연한 한국은 억압적 노동체제의 상징이라 할 수 있다. OECD가 「2015년 구조개혁 평가 보고서」를 통해 밝혔듯이, 한국의 연간 노동시간은 OECD 국가 중 멕시코에 이어 두번째로 길다. 노동과 자본의 힘겨루기에 따라 노동시간을 둘러싼 변화의 방향이 달라질 수 있다. 노동시간 단축과 교대제 개선에 대한 노동자 운동의 대응은 업종마다, 단위 사업장마다 제각각이며 자본의 대응 역시 당장의 이해관계에 따라 개별화된 양상을 보인다. 그러나 한 가지 분명한 사실은, 대다수의 자본은 아직 억압직 노동체제를 바탕으로 하고 있다는 점이다. 그럼에도 최근에 시간제 일자리의 양산을 법정부적으로 강요하다시피 하고 있다. 게다가 주 40시간 노동제 자체를 무력화하고 장시간 노동을 부추기는 입법이 추진 중이다.

① 생산설비 가동시간을 늘려라

2007년 초, 주간근무를 하던 현대자동차 전주공장 버스부에서 수출 물량 증가에 따른 주야맞교대 도입이 시도되었다. 애초에 회사는 10시간 주야2교대제를 도입하자는 입장이었고, 노동조합은 수개월간 8시간 주간연속2교대제를 주장해 왔다. 그러나 노사공동위원회의 1차 잠정합의안은 9시간 주야맞교대로 귀결되었다. 노사의 초기 주장에 비추어 보면, 이 잠정합의안은 마치 회사가 노동시간을 양보하고, 노조가 심야노동을 양보하여 절충한 것처럼 착각할 여지가 있다.

그러나 회사는 결코 노동시간을 양보한 적이 없었다. 비록 잠정합의안에서는 9시간 근무라 했지만, 필요할 때는 언제든지 장시간 노동을 시킬 수 있기 때문에 회사로서는 전혀 밑질 것이 없었던 것이다. 주 40시간 근무제가 도입되었지만 노동자의 건강과 인간다운 삶을 보장하는 노동시간 단축은 전혀 이루어지지 않고, 오직 회사의 생산목표에 따라 실제 노동시간이 고무줄처럼 늘어나는 것이 현실이었기 때문이다. 즉 10시간이건 9시간이건 혹은 8시간이건 주야맞교대를 도입한다는 것 자체가, 지금껏 정상적인 낮시간에만 가동하던 생산설비를 밤낮으로 가동하고자 하는 회사의 의도를 남김없이 반영하고 있을 뿐이었다.

1차 잠정합의안은 버스부 조합원 및 버스부 관련 간접 부서 조합원 696명 중 680명이 참여한 찬반투표에서 찬성 293표(43%) 반대 376표(55%)로 부결되었다. 노동조합은 부결 이후 채 한 달도 지나지 않아 10시간 주야맞교대로 한발 더 후퇴한 잠정합의안을 또다시 투표에 부쳤다. 불행 중 다행으로 2차 합의안 역시 63%의 반대로 부결되었다.

현대자동차 전주공장 버스부에 교대제를 도입해 정상적인 낮시간의 노동을 하던 노동자들에게 심야노동을 강제하려고 했던 자본의 의도는 분명하다. 늘어난 생산량을 감당하는 데 따른 자본의 비용 부담을 줄이기 위해 심야노동을 포함한 주야맞교대제를 도입하려 한 것이다. 이는 절대적인 공장 가동시간을 늘려서 이윤을 극대화하고자 했던 낡은 억압적 노동체제로의 퇴행을 꾀했던 사례라 할 수 있다. 더 빨리, 더 싸게, 더 많이 생산하기 위해서라면 노동자의 건강과 삶은 안중에도 없을 뿐 아니라, 심야노동 철폐를 위해 노사가 함께 약속한 단체협약마저도 휴지 조각처럼 내버릴 수 있는 것이 자본의 속내임이 드러난 것이다. 최소한의 교대조를 운영하여 장시간 노동을 통해 공장 가동시간을 늘리려는 그 모습이야말로 억압적 노동체제에 입각한 한국 자본의 전형적인 행태라 할 수 있을 것이다.

②물량(보전)은 철옹성이자 절대선*

2015년 현재, 8시간-9.33시간 주간연속2교대제를 실시하고 있는 현대자동차의 경우, 8시간-8시간 주간연속2교대제로 개선하기 위해 협의하고 있다. 10시간-10시간 주야맞교대에서 8시간-9.33시간 주간연속2교대제로 개선하면서 절대적인 기준이 된 것은 물량이었다. 10시간-10시간 주야맞교대 근무 때 생산한 물량을 보전하기

---

* 이 사례는 실제 공장 가동시간 즉 노동시간을 늘린다는 점에서 억압적 노동체제의 특징을 지니면서도 일정하게 노동시간 및 심야노동을 줄인다는 점에서 유연노동체제의 요소가 섞여 있는 사례이지만, 물량이 어떻게 힘을 발휘하고 절대적 기준으로 작동하는지를 보기 위한 것이다.

위해 현대자동차의 노사는 물량보전과 임금보전을 전제로 다양한 합의를 하였다. 기존 생산물량인 161.2만 대를 유지하려면, 줄어든 노동시간의 생산물량 부족분 18.5만 대를 보전해야 했다. 이를 위해 작업시간 185.8시간을 추가해서 7.7만 대를 생산하기로 했고, 생산속도 30uph 향상으로 10.7만 대를 생산하기로 했었다. 이외에도 필요시 노사합의로 주말특근도 할 수 있도록 했다. 185.8시간의 추가 작업시간 확보를 위해 조회시간과 안전보건교육시간을 근무시간 외에 실시하고, 혹서기 휴게시간을 폐지하며, 신정 전일 2조 근무, 2조 연장근무 20분 추가 등을 합의했다. 노동시간을 줄이고 심야노동을 줄인 근무 형태 개선이라는 양상에도 불구하고, 내용면에서는 물량을 절대적인 기준으로 만들고 실가동시간을 늘리려는 자본의 기조가 관철된 경우라 할 수 있을 것이다.

노동자 입장에서 근무 형태 변경을 위한 연구를 통해 소위 3무원칙——노동시간 연장 없는, 임금 삭감 없는, 노동강도 강화 없는——을 제안하기도 하였으나, 실제 합의과정에서는 적극적으로 견지되거나 활용되지 않았다. 소위 3무원칙은 방어적인 기준이 아니라, 노동시간을 줄이고, 월급제를 통한 생활임금을 쟁취하며, 노동강도를 낮춰야 한다는 적극적인 노동자의 필요를 반영한 것이었다. 그러나 현장의 힘관계와 현실을 고려하지 않는 앙상한 원칙으로 치부되었다. 자동차 산업의 부품사 노사에게 현대자동차 사례는 절대적인 기준으로 인용되거나 활용되었다. 오히려 자본에 의한 소위 3무원칙 ——시설 설비투자 없는, 물량 감축 없는, 인력 충원 없는——이 힘을 발휘하기도 한다.

8시간-8시간 주간연속2교대로 개선을 앞두고, 현대자동차 사측은 8시간-9.33시간 근무 시 생산능력인 170.8만 대 대비 8시간-8시간 근무 시 부족분 12.1만 대를 보전해야 한다는 의견이다. 물량보전을 위해서는 생산속도를 35.3uph 올리거나 273시간의 추가작업시간을 확보해야 한다고 주장한다. 사측의 최종의견은 생산속도 20.9uph 향상으로 7.2만 대를 보전하고, 기존 연장 20분을 유지하는 것을 통해 3.6만 대를 보전하며, 추가로 29시간의 작업시간을 확보해서 1.3만 대를 보전해야 한다는 것이다. 29시간의 추가작업시간 확보를 위해서는 설과 추석 휴가 전일 2조 근무, 식목일과 제헌절 근무, 회사창립일 근무, 신정·설날·추석 휴일 하루 축소, 임금인상 및 단체협약 관련 조합 내부의견 수렴시간 축소, 지부장 선거시간 축소 등이 필요하다는 의견이다.

8시간-9.33시간 근무 형태에서 8시간-8시간 근무 형태로 개선하는 과정에서 물량을 절대적인 기준으로 만들고 실가동시간을 늘리려는 자본의 기조가 또다시 힘을 발휘할지 여부를 주목할 필요가 있다.

③"노동시간이 줄어도 이윤은 줄일 수 없다"

2003년 근로기준법 개정으로 지난 2004년부터는 공공부문과 1,000인 이상 사업장부터 단계적으로 법정 노동시간을 주 40시간으로 단축하게 되었다. 그러나 이 근로기준법 개정안에는 월차휴가 폐지, 생리휴가 무급화, 탄력적 노동시간 확대 등 실제 노동시간을 늘리고 노동유연화를 거침없이 확장하기 위한 장치들이 함께 담겨 있어 법정 노동시간 단축의 취지를 무색케 하고도 남을 지경이었다. 법정 노동시간이 줄어든 것은 분명 '노동시간 단축하여 인간답게 살고 싶다'

라는 노동자의 요구와 투쟁이 달성한 성과라는 측면을 간과해서는 안 된다. 그렇지만, 개정법이 노동시간 단축에 대한 노동자의 요구를 수용하는 듯 하면서도 실제로는 노동유연화를 통해 노동력을 헐값에 이용하려는 자본의 필요를 강력하게 반영하고 있다는 사실에서, 우리는 노동시간과 노동조건이 자본과 노동의 힘겨루기의 산물이라는 점과 저임금 장시간 노동을 영속시키려는 자본의 필요가 여전히 관철되고 있다는 점을 확인할 수 있다.

다시 교대제 문제로 돌아와 보자. 개정 근로기준법에 따라 주야 맞교대제 실시 사업장들은 적어도 겉으로 보기에는 노동시간 단축에 맞추어 교대근무 체계를 바꾸어야 할 상황에 처했다. 노동시간을 줄이면서 교대근무 체계를 바꿀 때 가장 중요한 쟁점 중 하나는 역시 임금 문제다. 이에 대한 근로기준법 시행지침*은 노동시간 단축으로 임금수준이 저하되지 말아야 한다고 규정하고 있었으나, 자본은 '교대제 변경으로 실근로시간이 줄어든 경우에는 반드시 이에 상응하는 임금을 감액한다'라는 입장이었다. 일하지 않는 시간에 대해서는 임금을 보전할 수 없다는 것이다.

교대제 개선에 따라 노동시간이 줄어들면 반드시 그에 상응하는 임금을 감액한다는 입장은 임금 계산 기준이 노동자의 필요 충족이 아니라 노동시간이라는, 이른바 무노동 무임금 논리를 고수하겠

---

* 개정 근로기준법 시행지침은 부칙 제4조 제1항에 "사용자는 이 법 시행으로 인하여 기존의 임금수준과 시간낭 통상임금이 저하되지 아니하도록 하여야 한다"고 되어 있다. 이에 따른 시행지침은, "임금보전 범위는 '기존의 임금수준이 저하되지 않도록 한다'는 것은 기본급, 각종 수당, 상여금 등을 포함한 종전에 지급받아 왔던 임금총액 수준이 이 법 시행 후에도 저하되지 않도록 한다. 다만, 근로시간 4시간 단축분, 연월차휴가 수당, 생리휴가 수당 등 개별 임금항목별로 각각 임금수준이 저하되지 않도록 보전해야 하는 것은 아니다"고 되어 있다.

다는 것이다. 이 입장은 초장시간 노동의 주요 원인이 실질적 저임금과 시간급체계라는 현실에서 결과적으로 억압적 노동체제의 상징인 초장시간 노동을 야기하게 된다. 노동시간을 줄이고도 임금을 보전하게 되면 저임금과 시간급을 기반으로 초장시간 노동을 강요하는 억압적 노동체제를 유지할 근간을 잃게 된다. 따라서 노동시간을 단축하더라도 노동자들이 언제든지 장시간 노동에 동원될 수 있도록 최대한 저임금과 시간급 체계를 유지하려는 것이다.

2) 억압적 노동체제의 위기

아직은 대부분의 자본이 저임금-장시간-주야맞교대노동이라는 억압적 노동체제에 의존하여 경영하고 있고, 앞에서 살펴본 바와 같이 이를 고수하려 몸부림치고 있지만, 억압적 노동체제는 몇 가지 분명한 위기에 처해 있다. 자본 스스로도 그 한계를 느끼고 있어 새로운 대안이 필요하다고 판단하고 있다.

첫째, 건강한 노동력 재생산에 대한 한계다.

장시간 노동은 자본에게 보다 많은 노동력을 착취할 수 있는 도구인 동시에, 이윤의 원천인 노동력의 질을 낮추는 양날의 칼이다. 자본의 천년왕국을 영속적으로 유지하려면, 장시간 노동으로 얻을 이익과 그로 인한 손실을 계산하여, 노동자의 건강 수준이 낮아지고 노동재해가 늘어나 이윤에 차질을 빚지 않도록 조절해야 한다.

한국의 노동시간은 단순히 '장시간'이라는 말로도 모자라 '초^超장시간 노동'이라고 표현할 정도다. 지금껏 초장시간 노동의 덕을 톡톡히 보아왔던 자본이지만, 이제 그로 인한 손실을 걱정하는 목소리들이 늘어나고 있다. 노동부 자료에 따르면 최근에 산업재해로 인한 경제적 손실 추정액이 매년 15조에서 20조 가까이에 이른다는 보고가 이어지고 있다. 산업재해로 인한 근로 손실일수 역시 엄청나다. 2003년 산업재해로 인한 근로 손실일수는 5,914만 일로 노사분규로 인한 손실일수(130만 일)의 45배를 기록했으며, 2004년에는 6,157만 일로 늘어 노사분규로 인한 근로 손실일수(119만 7천 일)의 51배에 이르기도 했었다. 2006년 '의료재활 및 직업성 폐질환 국제학술대회'에서 한국노동연구원이 발표한 '국내 산재의료재활 현황' 자료. 최근 통계는 더 심각하다. 2003년부터 2012년까지 직접손실액을 보면 연간 2~4조 원에 이른다. 간접손실액을 포함한 경제적 손실액(산재보상금×5) 추정치는 지난 10년간 12조 4천억 원에서 매년 증가하며 2012년 19조 2천억 원에 이를 만큼 막대하다. 또 근로 손실일수도 5,400만 일이 넘는 것으로 분석되어 노사분규로 인한 손실일수인 93만 일의 58배가 넘는 것으로 집계되었다. 2013년 산업재해로 인한 직접손실액은 약 3조 8천억 원이며, 간접손실액을 포함한 경제적 손실액은 18조 9천억 원에 달한다. 이러한 경제적 손실액은 최근 10년 동안 해마다 증가하고 있다. 『서울신문』 2015년 6월 1일자 이영순 한국산업안전공단 이사장 인터뷰 중(http://go.seoul.co.kr/news/newsView.php?id=20150601012003)

건강한 노동력을 재생산하지 못해서 생기는 직접적인 생산 차질과, 산재보험 및 기타 보상에 소요되는 간접적인 비용 손실이 '파업보다 심각한' 수준이니 자본에게 골칫거리가 아닐 수 없다.

자본의 위기와 노동자 투쟁의 후퇴로 노동조건이 악화되고 있는 미국에서도 건강한 노동력 재생산에 대한 염려의 목소리가 들려오고 있다. 지난 2004년 미국 정부의 산업안전보건연구원NIOSH은 장시간 노동과 노동자 건강에 대한 보고서*를 발간하였다. 이 보고서에서는 초과근무와 연장된 교대제**가 노동자 건강에 악영향을 줄수 있으며, 특히 주당 40시간 이상의 초과근무와 하루 8시간 이상의 연장된 교대제가 함께 존재하는 근무 형태가 가장 위험하다고 경고하고 있다. 미국은 자본에게만 선진국일 뿐 노동조건이나 일반 사회복지 측면에서는 지극히 후진적인 국가다. 보고서가 나오던 당시인 2003년 국제노동기구ILO에서 조사한 바에 따르면 타이, 홍콩, 남한에 이어 네번째로 노동시간이 긴 국가이기도 하다. NIOSH^{National} Institute of Occupational Safety & Health : 미국 산업안전보건연구원의 보고서는 미국 정부와 자본에게 장시간 노동에 따른 노동력 재생산 위기에 대한 대책 마련이 시급함을 알리는 경고인 셈이다.

억압적 노동체제의 두번째 한계는 경쟁력에 있다.

그동안 한국 자본은 저임금-장시간 노동을 기반으로 세계 시장에서 가격 경쟁력을 얻고 있었다. 그러나 뉴패러다임 등 유연노동체제는 유형 자산을 바탕에 둔 규모 경쟁, 인건비 경쟁이라는 억압적이고 낡은 패러다임으로는 더 이상 승산이 없다는 자본의 판단을 전제로 하고 있다. 실제로 억압적 노동체제의 '약발'이 떨어지고 있다는 징조가 여기저기서 나타나고 있다. 특히, 더 싼 임금으로 더 오랜 시간 일하는 노동력을 엄청난 규모로 보유하고 있는 중국을 당해낼 수 없다는 위기감이 한국 자본들을 압박하고 있다.

---

* 원 제목은 "Overtime and Extended Work Shifts : Recent Findings on Illness, Injuries, and Health Behaviors"로, 번역하면 「초과근무와 연장된 교대제 : 질병, 상해 및 건강 행동에 대한 최근 상황」이라는 뜻.
** 이 보고서에서 초과근무(overtime)란 주 40시간 이상을 일하는 경우를 뜻하며, 연장된 교대제 (extended work shift)란 하루 8시간 이상을 일해야 하는 교대근무 형태를 말한다.

이에 대한 한국 자본의 대응은 다양하다. 중국과의 경쟁력을 핑계로 노동시간 단축과 임금 인상, 노동조건 개선을 요구하는 노동자의 투쟁을 찍어 누르며 억압적 노동체제를 완강히 고수하기도 하고, 스스로 중국 및 다른 저임금 시장으로 자리를 옮겨 가는 해외 이전에 나서기도 하며, '더 싸게, 더 많이'라는 억압적인 낡은 패러다임에 의존해 온 국내 생산체계를 바꾸어 '더 효율적인' 고부가가치 경쟁력을 갖추어 가려 하기도 한다. 겉으로는 서로 다른 모습으로 움직이고 있지만 그 방향은 이윤을 지키는 것, 오직 하나다.

억압적 노동체제의 세번째 어려움은 노동자의 요구와 투쟁에 직면한 현실이다.

노동조합운동의 성장은 단위 사업장뿐 아니라 총자본 입장에서도 낡고 억압적인 노동체제의 기반을 심각하게 위협하고 있다. 노동자의 삶과 권리라는 측면에서 볼 때는 아직도 한참 모자라지만 임금과 노동시간 및 노동조건에 대한 법적 규제들 역시 초저임금-초장시간 노동에 기반한 낡은 억압적 노동체제를 지키기 어려운 조건을 만들어 왔다. 임금인상과 노동시간 단축, 노동조건 개선을 요구하는 노동자들의 투쟁에 언제까지 우격다짐식 탄압이나 시치미 떼기로 대응할 수만은 없는 노릇이다. 이런 방식으로 적대적인 노사관계를 지속하느라 드는 비용 역시 만만치 않다. 이윤의 철옹성을 사수하되, 노동자의 요구와 투쟁에 좀더 '현명(?)하게' 대처하고 더 나아가 노동자를 포섭할 수 있는 새로운 패러다임이 절실해졌다는 것이다. 그렇다면 자본은 억압적 노동체제의 노동력 재생산 위기, 경쟁력과 대노동 대응방식의 한계를 어떻게 넘어서야 하는가. 한국을 포함한 각국의 자본은 신자유주의 노동유연화에서 그 답을 찾아냈다.

3) 유럽식 유연노동체제의 하나인 압축 주 근무

'압축 주 근무'compressed working week는 상당한 수준으로 노동시간을 단축해 온 유럽에서 1970~80년대부터 나타나기 시작한 근무 형태다. 압축 주 근무란 하루 노동시간을 늘리고 근무일 사이의 휴식시간을 줄여서 압축적으로 근무하는 교대 형태를 말한다. 그 대신 교대 주기 한 번을 마치고 나면 연달아 며칠을 쉰다. 한마디로 "몰아서 일하고, 몰아서 쉬기"라 할 수 있다. 대개 유럽의 압축 주 근무는 주당 노동시간이 40시간을 넘지 않되, 하루 노동시간이 8시간을 넘는 교대 형태를 뜻한다. 앞에서 소개한 미국 산업안전보건연구원NIOSH 보고서의 표현을 빌리자면 "초과근무를 동반하지 않는 연장된 교대제"라고 할 수 있다. 장시간 저임금 노동을 고수하는 억압적 노동체제의 한계에 대한 유럽판 유연노동체제이다. 예를 들어 주 40시간 노동이라면 하루 8시간씩 닷새를 근무하고 이틀간 쉬는 대신, 하루 10시간씩 나흘만 일하고 사흘 연속 쉬는 셈이다.

그러면 유럽의 압축 주 근무 도입 사례를 몇 가지 살펴보자.*

이탈리아 항공 통제센터에서는 6일 주기로 순환하되 3일만 일하고 3일을 쉬는 압축 근무를 도입하였다. 6일 중 첫날에는 오후근무(13시~20시)를 하고, 둘째 날 아침에 출근하여 오전근무(07시~13시)를 한 뒤 퇴근하지 않고 회사에서 쉬다가 그날 야간근무(20시~07시)를 한다. 이것이 끝나는 셋째 날 아침에 퇴근하여 넷째 날부터 여섯째 날까지 연달아 쉬는 것이다. 이 사업장은 상당수의 노동자들이

---

* 이 내용은 생활 및 노동조건 향상을 위한 유럽재단(European foundation for the improvement of living and working condition)에서 발간한 『압축 근무 시간』(Compressed Working Time), 1996.에서 인용했음을 밝혀 둔다.

직장에서 멀리 떨어진 곳에 살기 때문에 출퇴근 시간을 줄이기 위해 압축 근무 형태를 도입했다고 한다.

네덜란드의 경우 일찍이 1980년대부터 압축 주 근무체제가 도입되었다. 당시 주당 노동시간이 40시간에서 36~38시간으로 단축되자, 경쟁을 위해 가동시간을 늘려야 했던 기업들이 주당 노동시간을 단축하는 만큼 공장 가동시간을 줄이지 않기 위한 방법으로 채택한 것이다. 그러나 압축 주 근무가 노동자의 피로를 증폭시키고 건강에 악영향을 줄 수 있기 때문에 네덜란드에서는 법 개정을 통해 교대근무 시 노동시간의 상한선을 9.5시간으로 제한하였다.

이런 압축 주 근무가 도입된 배경에는 노동시간을 단축하려는 노동자의 필요에 맞서서 가동시간을 늘리려는 자본의 필요를 관철시키기 위한 의도가 존재한다. 특히 업무의 성격상 24시간 가동이 불가피한 병원 등 공공부문이 아니라, 제조업에서 압축 주 근무를 도입한 경우에는 대개 공장 가동시간의 연장이 수반되어 왔다는 점에서 이를 확인할 수 있다. 또한 교대조 수가 줄어들어 업무 교대를 위해 드는 시간과 설비 재가동-워밍업 시간의 손실을 줄여주기도 했다. 더군다나 자본이 적기 생산 방식Just-in-time production을 도입하여 재고를 최소화하고 주문에 맞추어 생산량을 그때그때 조정할 수 있도록 생산과정 전반을 유연하게 맞추는 데에 아주 유용한 수단이기도 했다. 자본으로서는 그야말로 일석이조, 일석삼조가 아닐 수 없는 것이다.

독일 자동차 산업의 압축 주 근무 도입 사례로 뮈니히 BMW를 살펴보자. 근무 편성은 다음 표와 같다.

[표 1] 뮌니히 BMW 근무편성표

주 (week)	월	화	수	목	금	토	일
1		M	M	M	M		
2	E		E	E	E		
3	M	M		M	M		
4	E	E	E		E		
5	M	M	M	M			
6		E	E	E			
7	M		M	M	E		
8	E	E		E	M		
9	M	M	M		E		
10	E	E	E	E			

M=아침교대(05:50~14:55), 9시간 5분 근무
E=저녁교대(14:55~24:00), 9시간 5분 근무 / 주당 36.3시간 근무

　　노동자 한 사람의 입장에서 보자면 0시부터 05시 50분 사이의 심야노동은 하지 않으며, 하루 노동시간은 9시간 5분이고, 주말 이외에 평일 중에도 하루의 휴무가 발생한다. 첫 주에는 화요일부터 금요일까지 아침교대를 하고, 둘째 주에는 월, 수, 목, 금요일에 저녁교대를 하는 등, 아침근무와 저녁근무가 일주일 주기로 돌아간다. 총 10주에 걸쳐서 주당 근무일과 휴일의 배치가 조금씩 변하다가 다시 처음으로 돌아오는 방식이다. 제5주와 6주 사이, 제10주와 다음번 제1주 사이에는 금요일부터 다음 주 월요일까지 4일을 연속해서 쉴 수

있는 긴 휴식 주말이 생긴다. 주당 노동시간은 9시간 5분 × 4일로 36.3시간이다. 주 60시간 이상 일하고 있는 한국 자동차 공장의 노동자들과 비교해 보면 그저 꿈만 같은 상황이다.

그런데 여기서 혹시 이상한 점을 발견했는가. 만일 아침과 저녁 두 개의 조로 나누어 주당 약 36시간을 일하는 것이라면 하루 7.2시간씩 5일을 일하는 것도 가능하다. 혹은 하루 9시간씩 4일을 일하더라도 월요일부터 목요일까지 쭉 일하고 금요일부터 일요일까지 쉬거나, 월·화·목·금을 근무하고 수요일과 토·일요일에 쉬도록 하는 것도 가능하다. 그런데 군이 하루 9시간씩 일하게 하고, 첫주에는 화~금, 둘째 주에는 월·수·목·금 이런 식으로 복잡하게 근무체계를 짠 이유는 무엇일까?

이 사례처럼 직무 숫자보다 더 많은 근무조를 편성하여 교대시키는 방식을 통칭하여 '복수 직무 보유체계'multiple job holder system라고 부르는데, 이 복잡한 근무체계의 비밀은 바로 가동시간 연장과 다기능화, 그리고 노동시간과 휴식시간의 개인화 및 팀별 경쟁체제를 통해 자본이 더 많은 것을 얻을 수 있다는 점에서 찾을 수 있다.

첫째, 모든 노동자들이 하루 7.2시간씩 5일을 일할 때 이 공장은 하루 14.4시간×5일, 즉 주당 72시간밖에는 가동할 수 없다. 그러나 위 근무표에 의하면 하루 18시간×5일, 즉 주당 90시간을 가동할 수 있게 된다.

둘째, 이 근무 형태 속에는 1인 4역이라는 고도의 다기능화가 함께 담겨 있다. 뮌니히 BMW의 교대제는 '10:4 시스템'이라고도 불린다. 10개의 팀이 4개 분야의 업무를 처리하기 때문이다. 위 근무표는 노동자 한 사람당 10주에 걸친 근무 일정이기도 하지만, 자본 입장에서 보면 일주일 동안 4개 분야에 노동자들을 어떻게 배치할 것인가를 나타내는 표이기도 하다.

셋째, 가동시간만큼 이윤에 직접 영향을 미치지는 않지만, 노동자들의 노동시간과 휴식시간을 분산시켜 개별화한다는 점 역시 자본이 압축 주 근무를 선호하는 요인으로 작용한다. 1팀은 월요일, 2팀은 화요일, 3팀은 수요일 등 팀마다 서로 다른 요일에 쉬게 되면 상대적으로 노동자들의 집단적 경험과 교류의 기회는 적어지게 마련이다.

넷째, 팀별 경쟁을 자연스럽게 유도하여 노동시간과 휴식시간의 개별화만큼이나 노동자의 가장 큰 힘인 단결을 방해할 수 있다. 10개의 팀에 속한 노동자들이 4개 분야의 업무를 돌아가면서 수행하기 때문에 자본은 각 분야에서 팀별 실적을 비교 평가할 수 있다.

비단 위의 사례뿐 아니라 압축 주 근무는 세계적으로 점점 확산되고 있다. 국제노동기구에서 연속 제작하고 있는 『노동 및 고용 상태』에서도 지난 2006년에 발간한 제12권 주제로 압축 주 근무를 채택하였다. International Labour Office, "Compressed Working Weeks", *Conditions of Work and Employment*, Series No.12, 2006. 일각에서는 주말이 아니더라도 며칠씩 연속으로 쉴 수 있다는 점에서 노동자들도 압축 주 근무를 좋아한다고 치켜세운다. 심지어 국제노동기구에서도 위 발간물을 통해 노동자의 건강과 안전에 대한 악영향을 경고하면서도 한편으로는 '괜찮은 일자리'decent work를 위한 '노사 상생'win-win의 가능성에 대한 기대를 넌지시 비친 정도로, 압축 주 근무는 서구의 유연노동체제의 하나로 각광받고 있다.

그러나 압축 주 근무는 장시간 연속 노동으로 피로가 과도하게 쌓이는 데다가, 근무일 중 휴식시간이 부족하여 피로를 그때그때 풀지 못하기 때문에 만성피로로 이어지게 만든다. 또한 근무일 중 여가시간이 너무 적어서 육아나 가사를 비롯한 가정생활이나 사회생활을 영위할 수 없다. 피로 누적은 업무 중 또는 업무 외 안전사고 증가로 이어지며, 장시간 연속 노동으로 독성 물질 및 물리적 유해요인에 대한 노출시간이 늘어나 안전보건상의 문제가 심각하게 악화된다.

압축 주 근무는 노동시간을 둘러싼 노동자와 자본의 힘겨루기 와중에 노동자들이 휴식일 증가라는 성과를 얻는 대가로 하루 8시간 노동이라는 원칙에서 뒷걸음질 쳐 타협한 결과이기도 하다. 며칠씩 연속적으로 휴식을 취하고 싶은 노동자의 필요가 자본의 논리와 온전히 맞서지 못하고 왜곡되었음을 놓치지 말고 보아야 한다. 휴식일을 연장하고픈 노동자의 필요는 그것대로 존중되어야 하나, 그 때문에 노동자의 몸과 삶에 대한 권리를 내어줄 수는 없는 노릇이다. 따라서 휴식일 연장은 하루 8시간 노동이라는 원칙을 전제로 하여, 노동일 감소라는 주장으로 모아지는 것이 옳다.

4) 한국식 유연노동체제의 하나인 '뉴패러다임'

이른바 뉴패러다임은 교대제 개편과 노동시간 단축, 평생학습체계 구축으로 요약할 수 있다. 이것을 통해 노동력 재생산의 한계, 경쟁력의 한계, 대노동 대응의 한계 등 낡은 패러다임의 한계를 극복하고, 더 나아가 위기를 반전시켜 새로운 기회로 삼으려는 자본의 야심 찬 기획이다.

뉴패러다임은 "장시간의 근로체계는… 1차적으로 산업재해의 위험율을 높임으로써 지속적으로 산재손실금을 증가"시켜 왔으며 또한 "교육훈련의 부재, 생산체계 혁신의 부진으로 이어져… 기업/국가경쟁력을 약화"한국노동연구원 부설 뉴패러다임센터, 「뉴패러다임 실천을 위한 근로 형태 변경 매뉴얼」시켜 왔다며 고전적 패러다임으로 인한 노동력 재생산과 경제적 손실, 그리고 경쟁력 약화의 한계를 지적하고, 그 대안으로 교대제를 개편하여 노동시간을 줄이고 학습시간을 늘리자고 주장한다.

교대제를 개편하여 노동시간을 줄임으로써 노동자에게는 "과로를 해소하고 안정적인 여가시간을 확보함으로써 삶의 질을 개선"하고, 사업주에게는 "직접 생산에 투여되는 근로시간의 축소와 함께 지속적인 품질 개선과 작업장 혁신, 가동시간의 증가라는 고성과 생산체계로의 전환"을 꾀하도록 할 수 있다는 것이다. 다만 "근로시간 단축에도 생산체계를 그대로 유지하는 것은 기업에게 고스란히 비용 부담 이상의 의미를 지니기 힘들 것이며, 그것은 기업 경쟁력의 약화로 이어지게" 되므로 지속적인 학습조를 운영해 노동자로 하여금 고성과 생산체계를 달성하도록 하는 것이 관건이라 한다.앞의 자료.

뉴패러다임 전략은 노무현 정부의 적극적인 지지와 지원 속에 추진되었다. 2004년 3월 3일 한국노동연구원 부설 정부기관으로 설립된 '뉴패러다임센터'는 교대제 개편과 평생학습시스템 구축에 대한 연구와 상담 및 시범사업 추진, 대국민 홍보를 맡았었다. 또한 대통령 자문 '사람입국 신경쟁력 특별위원회'는 뉴패러다임 확산을 위한 정책 개발과 제도 개선을 담당하고, '뉴패러다임 포럼'에서는 뉴패러다임에 대한 사회적 합의를 도출하기 위한 시민운동을 추진하는 식으로 역할을 나눴었다.

이른바 뉴패러다임의 핵심적인 문제는 노동 전반에 대해 나아가 노사관계에 이르기까지 유연생산체제를 고착화·전면화한다는 것이다. 뉴패러다임의 근무 형태가 유럽식 압축 주 근무를 따온 것이라면, 평생학습체계는 일본 도요타식 노동자 관리 방식에 뿌리를 두고 있다. 뉴패러다임을 도입한 기업들은 교대제 전환을 전후로 하여 인원 정리를 비롯, 조직 개편, 다기능화 등 총체적인 구조조정을 실행한다. 유럽에서 압축 주 근무를 도입하며 휴일을 늘린다는 명분으로 교대제를 개편하면서 다기능화를 추진한 것과 매우 흡사하다. 뉴패러다임은 노사 협조와 노사 상생을 강조한다. 실제로도 대부분 무노조 사업장에서 진행되거나, 노동 환경에 대한 대대적인 변화에 저항하지 않는 '길들여진 노동조합'과 함께 실행되고 있다.

실제 뉴패러다임을 적용하면서 인원을 늘린 사례들은 생산량 증가에 따라 인원을 늘리지 않을 수 없는 조건이었으며, 뉴패러다임을 통해 보다 효율적인 방식으로 인원을 충원하기 위한 사전, 사후 작업을 모색했을 뿐이다. 이미 인원을 정리해 둔 상태에서 생산에 필요한 추가 인원을 증원했던 것을 '일자리 창출'이라고 포장하여 선전하고 있는 셈이다.

최소한의 인원만을 남겨 최고의 효율을 구사할 수 있도록 구조조정을 완비하고, 노동자의 저항을 통제하는 것, 이것이 바로 뉴패러다임의 전제조건이다. 자본은 노동자에게 도전적으로 묻고 있는 것이다. 노동시간 단축을 원하나? 교대제 개선을 원하나? 그렇다면 구조조정을 받아들이고 저항하지 말아라! 그래서 이윤에 흠집이 가지 않도록, 아니 이윤을 더 높이는 계기가 되도록 협조하라! 사업주에게도 뭔가 남는 게 있어야 하지 않겠나?

뉴패러다임이 말하는 '위대한 근로자'는 곧 자본의 이윤을 위해 충성을 다하는 노동자, 회사와 국가의 경쟁력 향상을 위해 스스로 열심히 노력하는 노동자를 말한다. 노동시간 단축에 대한 노동자의 요구를 어느 정도 수용하되, 그 대신 충성스런 노동자로 길들일 수 있다면 밑질 것이 별로 없으리라는 계산이다. 뉴패러다임에서는 대규모 첨단 설비에 못지 않은 귀중한 자산이며 이윤 극대화의 원천인 '위대한 근로자'를 핵심에 두어야 한다고 말한다. 그것이 바로 뉴패러다임의 "사람 중심 사고"이며, "사람입국立國" 전략이다.

①뉴패러다임의 근무 형태 개편 사례

뉴패러다임에서 제시하는 근무 형태 변경은 앞에서 소개한 유럽의 압축 주 근무와 매우 유사하다. 1인당 노동시간을 줄이되 교대제를 개편하여 총 가동시간을 늘리고, 하루 노동시간을 늘이거나 현상 유지함으로써 휴일을 늘리며, 노동유연화를 위한 각종 신자유주의 구조조정을 함께 엮어 생산성을 높이자는 취지나 방식 모두 그러하다.

우선 가동시간에 대해 뉴패러다임의 대표적인 사례들을 살펴보자. 유한킴벌리 군포공장은 일찍이 1997년에 3조 3교대에서 4조 2교대로 전환하여 연간 가동일수를 270일에서 350일로 늘렸다. 2004년 2조 2교대에서 3조 2교대로 전환한 대명화학(주)은 총 가동일수를 300여 일에서 355일로 확대했다. 2005년 3조 2교대에서 4조 2교대로 전환한 제주도지방개발공사의 삼다수 제조공장은 총 가동일수를 357일에서 365일로 확대했다.

대명화학의 경우에는 하루 12시간 2조 2교대제에 따라 주 6일을 가동하고 일요일에는 가동하지 않던 곳이었다. 2004년 뉴패러다임 전환 전 연간 4,190톤에 불과하던 생산량은 시행 후 1년간 6,712톤으로 무려 60.2%나 늘어났다. 매출액 역시 전환 전 120억에서 시행 후 183억으로 늘어났으며, 그 다음 해인 2006년에는 250억 원을 예상하고 2010년에는 매출 1,000억을 달성한다는 목표를 세울 만큼 상승가도를 달리고 있는 기업이었다. 이처럼 엄청난 생산량 증가를 따라잡기 위해 일요일에도 쉬지 않고 가동하여 기존 설비 활용도를 극대화하고자 하나, 이미 주당 72시간씩 일하고 있는 38명의 노동자만으로는 이를 달성할 수 없어 인원 충원이 불가피한 상황이었다. 이에 교대제를 3조 2교대제로 전환하면서 교대근무자 수는 38명에서 54명으로 주당 16시간을 단축하였지만 1년 내내 단 한 시간도 쉬지 않고 생산설비를 가동하는 효과를 노린 것이다. 이로써 자본은 매출액 대비 인건비를 오히려 절감하면서(10.54%에서 9.87%로), 무려 92%에 달하는 순이익 증가를 얻었다. 한국노동연구원 부설 뉴패러다임센터, 「뉴패러다임 실천을 위한 근로 형태 변경 매뉴얼」

뉴패러다임센터에서 또 다른 사례로 소개하고 있는 식품 제조 업체 CJ 역시 마찬가지다. CJ는 2005년 주 40시간제 도입에 따라 3조 3교대 근무를 4조 3교대로 전환하였다. 이미 연간 330일, 주간 168시간으로 '풀가동' 중이었기 때문에 교대제 전환으로 인한 가동시간 증가는 없었다. 그 대신 교대조를 늘리면서 인천 1, 2공장의 인원이 각각 61명에서 76명으로, 90명에서 102명으로 늘어났다. 가동시간을 늘리는 이득을 얻지도 못하는데 인원을 늘린 까닭은 무엇일까? 뉴패러다임센터에서는 이 사업장의 '전환이슈'를 분석하면서 "최대한 직무배치 및 공정 효율화 등을 통해 인력을 최소화한 후 부족인원을 충원하였다"라고 평가하고 있다. 한국노동연구원 부설 뉴패러다임센터,

「뉴패러다임 실천을 위한 근로 형태 변경 매뉴얼」이미 인원을 정리해 둔 상태에서 생산에 필요한 추가 인원을 증원했던 것을 '일자리 창출'이라고 포장하여 선전하고 있는 셈이다. 이런 점은 뉴패러다임의 대표적 사업장인 유한킴벌리 역시 마찬가지다.

5) 한국식 유연노동체제의 고착화와 확산: 근무 형태와 노동시간 유연화 컨설팅 최근 사례[*]

최근 노동 전반에 대해 유연화하려는 흐름 역시 다르지 않다. 좋은 일터 만들기를 위해 시간선택제 일자리 컨설팅 지원사업과 생산성 향상과 근로자 삶의 질 향상을 위한 일터 혁신 컨설팅을 하는 '노사발전재단'과 고용노동부 및 한국고용정보원에서 운영하는 '임금근로시간정보시스템'의 문제의식과 컨설팅 활동 사례를 주목할 필요가 있다. 사례를 통해 확인할 수 있는 것은 억압적 노동체제와 유연노동체제가 해당 자본의 상황과 필요에 따라 선택되거나 병행되는 등 유연노동체제가 소위 한국식으로 고착화되고 있다는 것이다.

　　여러 사례에서 확인할 수 있듯이 자본과 정부가 추진하고 있는 것은 생산성 향상과 이윤을 절대선으로 삼아 고성과를 내기 위한, 즉 착취를 고도화하는 한국식 유연노동체제를 고착화하고 전면화하는 것이 핵심이다. 근무 형태 변경은 물론이고, 연장무휴가동, 생산성 향상, 비정규직의 시간제 고용, 근로시간관리제, 집중근무시간제, 차

---

[*] 이 절의 사례들은 '노사발전재단'(www.nosa.or.kr)과 '임금근로시간정보시스템'(www.wage.go.kr) 홈페이지에서 찾아서 축약한 내용임.

등 휴게시간제, 근로시간저축휴가제, 릴리프제도, 시차출퇴근제, 강요된 휴식제, 재량근로시간제, 재택근무제 및 모바일 오피스제, 순환휴무제, 계획연차제, 특별휴가제 등 노동시간을 유연화하기 위한 수없이 많은 방안이 활용되고 있는 것을 확인할 수 있다.

자본의 상황과 필요에 따라 억압적 노동체제, 유럽식 압축주 근무제, 뉴패러다임, 좋은 일자리 만들기 등의 담론과 시스템을 이용하여, 업무량에 갇히고 시간에 매인 임금체계를 고수하면서 동시에 노동의 불안정화를 병행하며 실질적인 노동시간 단축과 심야노동 폐기보다는 소위 한국형 유연노동체제를 고착시키고 전면화하기 위한 이데올로기 공세와 구체적인 사례 만들기를 하고 있다. 하나씩 살펴보자.

① 근무 형태 변경 컨설팅 사례

● **24시간 2조 2교대를 3조 3교대로, 주간운영은 주간변형2교대로 변경한 사례** 본사 아닌 주유소 소장 주도 아래 주 평균 57.5시간 근로와 17.5시간 연장근로 등 장시간 근로를 하는 G기업은 주유소 및 편의점 사업을 운영하는 기업이다.

컨설팅을 통해서 24시간 운영하는 곳은 기존의 2조 2교대 근무 형태를 3조 3교대제로 전환하면서 1일 근무시간은 8.5시간을 넘지 않고 주말에는 비정규직 근로자를 활용하도록 제안했다. 동시에 주간운영 주유소의 경우 주간변형2교대 운영을 하면서 휴게시간 없이 바로 근무(10~15분 식사 후 곧바로 주유업무를 시작)를 실시하되, 업무 공백을 없애기 위해 근로자별 차등 휴게시간대를 정하여 운영토록 했다. 휴가 및 휴식 부족 문제의 완화를 위해 연차휴가 사용을 촉진하면서, 근로시간저축휴가제^{연장근로시간을 저축하여 추후 휴가로 사용할 수 있}도입을 제안했다.

기대효과는 주평균 6.5시간의 단축이었으나, 주말 비정규직 고용과 주간변형2교대 운영을 통해 가동시간 그리고 연차휴가촉진과 근로시간저축휴가제를 통해 노동을 조밀하고 불안정하게 하여 생산성을 높인 사례라 할 수 있다.

• **2조 2교대를 3조 2교대제로 변경한 사례** 평일 연장근로와 토·일 휴일근로의 관행화로 주당 근로시간이 2조 2교대로 73.5시간인 D사는 순연, 합금연, 연산화물, 산화아연 등의 금속소재와 PVC안정제, 바이오디젤 등을 제조하는 기업으로, 시흥과 군산에 공장을 둔 사업장이다.

컨설팅을 통해서 가열로의 연중무휴 24시간 완전가동을 전제로 하여 TRF, 주조정제, 폐수처리의 4개 부서에 3조 2교대제를 전면 도입하기로 결정하고 기존 2개조를 3개조로 확대 편성하여 4일 근무, 2일 휴무가 반복(휴무 2일→주간 4일→휴무 2일→야간 4일)되는 것을 기본으로 하는 근무패턴을 제안하였다. 이 교대 형태를 따르면 1일 근무시간 12시간 중 점심과 저녁식사, 목욕 및 식사시간을 제외한 1일 실근로시간은 10시간에 한정되고, 월간 근무일수는 20~22일에 이른다. 또, 결과적으로 휴일근무는 자연스럽게 폐지되며 공장은 연중무휴 가동이 가능해진다. 근로시간 단축에 따라 발생하는 임금 하락분에 대해서는 생산장려수당 신설을 통해 기존 임금의 80~90% 선에서 보전이 필요하다는 제안을 하였다.

컨설팅을 통해 주당 23.5시간 단축이라는 효과를 강조하였으나, 인원 충원 없이 2개조 인원을 3개조로 나눠 노동강도를 높이고, 유럽식 압축 근무의 아류로 연중무휴 가동을 통해 실가동시간을 늘리고, 임금 하락을 10~20% 감내케 한 사례이다.

● **3조 3교대에서 4조 2교대로 변경한 사례** 2005년 설립된 P기업은 포스코의 협력사로, 포스코에 공급하는 1차 소재를 운송하고 야적장을 관리하는 업무를 수행했다. 근무 형태는 3조 3교대 15일 주기형으로, 연간 근로시간이 2,347시간에 이르고 휴일은 55일에 불과한 과로근무체계를 지니고 있었다. 연장근로시간은 법정 한도를 넘어서지 않지만, 휴일근로가 월평균 45.5시간에 달한 사업장이다.

컨설팅을 통해서 포스코와 포스코의 다른 협력사들이 시행하고 있는 4조 2교대제로의 전환을 전제로 하여 교대조 증설 방안과 임금보전 방안 등을 제시했다. 운전업무의 특성상 2교대제를 시행할 경우 1일 12시간 근무를 해야 하는 부담이 있지만 이미 대체 연장근로의 경험이 있는 데다 근로자들의 1순위 불만요인이었던 휴일이 획기적으로 확보된다는 점에서 별 무리 없이 운영될 것으로 판단되었다. 3개조를 4개조로 전환할 경우 33%의 추가인력을 채용해야 하지만 이는 인건비 부담을 발생시켜 임금보전을 어렵게 하기 때문에 직무분석과 직무효율화 작업을 통해 조별 인력을 감축시키는 방안을 내놓았다. 또, 교대제 전환에 따라 32%의 임금 하락이 예상되는 가운데 이를 보전하기 위하여 교육훈련시간 유급화, 수당신설 등의 방안을 고려하였다. 직무효율화 작업을 통해 신규채용 인원을 최소화(7명)할 것을 결정하여 임금보전의 폭을 증가시켰다.

컨설팅을 통한 기대효과로 연간 노동일 감소와 휴일 증가를 제시했으나, 신규인력 충원을 최소화하면서 3개조를 4개조로 나누기 위해 직무분석과 직무효율화 작업을 통해 조별 인력을 감축한 사례이다. 직무분석과 직무효율화는 해당 작업조와 작업자들의 노동강도를 높이기 위한 수단이라 할 수 있다.

● **2조 2교대에서 12일 주기형 3조 2교대제(주4-휴2-야4-휴2)로 변경한 사례** 983명이 일하는 자동차 휠 생산업체인 인천의 한 기업은 작업조당 인력을 유지할 경우 2조에서 3조로 전환하면 50%의 추가적인 인력 채용에 소요되는 비용 부담이 있으나, 작업조당 인력을 유지하면서 교대제를 3조 2교대제로 개편할 것을 제안하였다. 근무제도 변경에 따른 평균임금이 29% 정도 감소하여 근로자들의 소득 감소 예상에 대한 대처방안 필요하다는 의견을 제시하였다.

이 사례에서 확인할 수 있듯이, 근무 형태 변경으로 인한 임금 문제는 제도 개선 시 노사 모두에게 주요한 관심사다. 때문에 임금삭감을 당연시하게 만들면서 시혜적으로 덜 삭감하는 것처럼 생색을 낼 수 있지만, 사측의 입장에서는 주말과 휴일 특근비용을 줄이면서 365일 가동일수를 늘리는 것을 통해 착취를 고도화할 수 있음을 볼 수 있는 사례이다. 옆의 표를 보면 A조와 B조는 2주 14일간 10일을 일하는 것이 제도 개선 이전과 마찬가지고, C조만 8일간 일하는 것으로 개별 작업자에게 늘어난 휴일은 매우 미미하다.

● **간호사 대상 변형 4조 3교대제, 보호사 대상 3조 2교대제 도입 사례** 정신과를 주요 진료과목으로 하는 S병원은 4개의 병동(2012년 5월 기준 병상 수 170여 개)으로 구분되어 있으며 업무 특성상 입원환자가 많아 24시간 내내 병동에 간호직 인력이 상근한다. 간호사와 보호사의 경우 1

[표 2] 12일 주기형 3조 2교대제 근무 형태

요일	월	화	수	목	금	토	일	월	화	수	목	금
날짜	1	2	3	4	5	6	7	8	9	10	11	12
A조	주	주	주	주	휴	휴	야	야	야	야	휴	휴
B조	야	야	휴	휴	주	주	주	주	휴	휴	야	야
C조	휴	휴	야	야	야	야	휴	휴	주	주	주	주

일 24시간 근무(09:00~09:00) 후 2일 휴무가 실시되는 근무 형태로, 휴게시간을 제외한 실근로시간이 1일 20시간, 주당 연장근로시간이 31시간에 이르는 장시간 근로를 하고 있었다. 영양급식실 근무 근로자의 경우 주 6일 근로를 실시하는 데다 휴게시간을 제외한 실근로시간이 1일 10시간으로 매일 2시간씩의 연장근로가 발생하는 상태였다.

개선 방안으로 1개의 병동당 간호사 3명, 보호사 3명이 하루 24시간씩 3일 주기로 근무하던 간호직(간호사, 보호사)을 대상으로 간호사의 경우 변형된 4조 3교대제, 보호사의 경우 전형적인 3조 2교대제를 실시할 것을 제안하였다. 여기에서 변형 4조 3교대제란 1일 근무시간을 세 파트(데이Day, 이브닝Evening, 나이트Night)로 분할한 뒤 3개조는 데이(07:30~15:00)와 이브닝 시간(15:00~21:30)에 배치하고, 나이트 시간(21:30~07:30)에는 새로운 인력을 충원하여 보충함으로써 실질적으로는 4명이 3교대로 근무하는 형태라는 의미이다. 간호직의 교대제 도입 시 생활패턴 불규칙으로 인한 야간근로(나이트 근무) 기피 근로자와 야간근무수당 발생으로 인한 야간근로 선호 근로자가 발생할 것이라는 예상하에 야간전담반을 구성하여 희망 직원을 배치할 것을 제안하였다. 한편 영양급식실 소속 근로자의 경우 사실상 대기시간의 개념으로 사용되고 명시적이지 않았던 기존의 휴게시간 외에 2시간 정도의 시간을 특정하여 그 시간을 자유로이 활용할 수 있도록 하는 휴식제를 도입하여 실근로시간을 줄일 것을 제안하였다. 이런 근무 형태 변경은 일자리함께하기 사업의 지원금을 확보하여 신규인력을 8명 채용하였으며, 임금보전율은 100%였다.

임금을 보전하고 정부의 지원금으로 인력을 충원하였으나, 저녁 9시 30분부터 아침 7시 30분까지 심야노동만을 하는 야간간호 전담반을 신설하고, 급식노동자들에게 대기시간을 휴식제로 강제공식화한 사례로 억압적 노동체제와 유연노동체제를 사측의 입맛에 맞게 적당히 섞은 사례라 할 수 있다.

[표 3] 교대제 도입에 따른 간호직 및 보호사의 근무 형태

▶ 변형 4조 3교대제(간호사)

	월	화	수	목	금	토	일
1	D	off	E	D	off	E	
2	E	D	off	E	D	off	
3	off	E	D	off	E	D	
4	N	N	off	N	N	off	

※ 1조 D: 07:30~15:00, 2조 E: 15:00~21:30, 3조 N: 21:30~07:30, 4조 N 전담: 21:30~07:30
※ 1조, 2조, 3조가 교대로 근무(D, E, N: 월 20일 근무, off 10일, 1시간 휴게). 4조(18일 근무, off 12일, 1시간 휴게)

▶3조 2교대제(보호사)

	월	화	수	목	금	토	일
1	D	D	N	N	off	off	
2	N	N	off	off	D	D	
3	off	off	D	D	N	N	

※D: 08:00~18:00(1시간 휴게), N: 18:00~08:00(4시간 휴게)
※2교대로 D: 10일, N: 10일, off: 10일 근무하게 됨

②노동시간 유연화 사례

● **근로시간관리제와 '가정의 날' 운영 사례** 생산직 근로자들은 2조 2교대로 근무하는 J기업은 바다장식재와 인조피혁 등을 제조한다. 개선 방안으로 단기적으로는 현행 연장근로시간 관련 법적 기준을 준수하기 위해 토요일을 휴일로 지정하고, 휴게시간을 운영할 것을 제안했다. 불연속공정 또는 반제품과 연계되는 공정의 경우 준비시간 단축을 위해 시차출퇴근제 도입을 고려했고, 특정 인원에게 일이 집중되어 연장근로가 편중되는 현상을 방지하기 위해 일일·주간·월간 근로시간을 관리하는 근로시간관리제* 도입을 검토했다. 재원의 부족으로 교대제 전환에 대한 부담이 있는 가운데 릴리프Relief제도**를 활용하는 방안도 모색했다. 그밖에 '연장근로 없는 날' 운영도 검토한 사례이다.

---

* 근로시간관리제는 연장근로 시 사전 승인, 연장근로시간 초과 시 알람 통보, 부서별 관리체제 운영 등의 방식으로 운영되는 제도이다.
** 릴리프제도는 교대조 인력을 1~2명 추가편성하여 기존 인력에게 휴게시간을 보장하고, 유휴시간(대기시간)이 많이 발생하는 직무의 경우에는 유휴시간을 이용해 타 직무를 지원하는 형태로 운영된다.

● **유연근로시간제 확대 실시 사례** 해양 관련 전문인력 양성기관인 K연수원의 주요 업무는 전문인력 양성을 위한 교육·훈련, 정부로부터 수탁한 국가자격시험 관리, 해운·항만 및 어업기술의 연구개발 등이다. 정부의 유연근로시간제 활성화 정책 등에 부응해야 하는 공공기관인 만큼 시차출퇴근제와 재량근무제를 도입하여 실행하고 있었으나 효과적 이행이 미진하였다.

개선 방안으로 직군별 필요를 고려하여 기존 시차출퇴근제 보완을 통한 제도 활성화와 시간제근로 적극 활용을 최우선과제, 휴가사용제도 개선을 단기과제로 설정한 제도를 제안하였다. 우선 출퇴근시간대를 기존 1시간 단위 시차에서 30분 단위 시차로 변경하여 출퇴근 선택시간의 유형을 다양화하고, 집중근무시간대 설정을 통해 업무집중도를 높임으로써 업무효율성을 향상시킬 것을 제안하였다. 또, 요일별로 출퇴근시간을 달리하거나 주 40시간을 기준으로 1일의 근로시간을 자율적으로 조정하는 식으로 유연성을 더욱 강화하는 방식도 검토하였으며, 해당 직군(행정직)에 모두 적용하여 제도 활성화를 꾀할 것을 제안한 사례이다. 추가로 육아기 근로시간단축제도와 임금피크제*를 통해 시간제 일자리를 만들 것을 제안하였고, 휴가사용 개선을 위한 방안으로는 연차휴가사용촉진제, 연차휴가의무사용제와 함께 리프레시휴가제_{장기근속 근로자 대상으로 정기휴가 외에 부여하는 휴가 제도} 도입을 제안한 사례이다.

---

* 육아기 근로시간단축제도는 만 6세 이하 초등학교 취학 전 자녀를 둔 근로자에게 근로시간을 단축하여 일할 수 있게 하는 제도이고, 임금피크제는 정년을 연장하는 대신 일정 시점부터 근로시간을 단축하거나 정년퇴직 후 재고용을 조건으로 일정시점 또는 재고용시점부터 근로시간을 단축하는 제도이다.

● **일요일 근무 폐지, 휴게시간 확대 사례** 1977년 설립된 Y사는 자동차 엔진과 브레이크 등의 주물제품을 제조하는 기업으로, 장시간 근로와 과다한 휴일근로 문제가 심각했다. 자동차 부품업체이기는 하지만 모듈 형식의 조립공정이 주를 이루는 완성차 업체와 달리 연속공정을 시행하여 공정 자체로는 철강업체와 유사한데, 주 평균 근로시간이 약 63시간에 달할 만큼 장시간 근로가 만연한 상태였다.

개선을 위한 대안으로 3조 교대제로의 전환은 작업환경의 문제로 인력수급이 힘들고 명확한 흑자구조가 아닌 경영상황에서 운영상 부담이 있으며, 근로자 역시 원치 않아서 불가능하였다. 그래서 근무 형태 변경 이외에 첫째, 식사시간 교대근무 폐지 및 휴게시간 확대, 둘째, 샤워시간의 작업시간 내 편입 및 유급화, 셋째, 일요일 생산 전면 중단 및 근무 폐지, 넷째, 장비가동을 위한 조기출근자의 조기퇴근 실시, 다섯째, 토요일 근무자에 대한 평일 대체휴일 부여 등을 제시하여, 기대효과로 주평균 13시간의 근로시간을 단축할 수 있다고 컨설팅을 한 사례이다.

● **순환휴무제, 계획연차제, 수요에 따른 3개월 주기의 탄력근로제, 특별휴가제 도입 사례**
P사는 냉장고, 진공청소기, 에어컨 등 가전의 플라스틱 부품을 제조하는 기업으로, 근속연수가 2~4년으로 이직률이 매우 높고, 상시적 인력 모집에도 신규인력 충원이 어려운 상황이다. 주문량 증가 및 납품기일 준수 등의 이유로 사출부서의 경우 24시간 연속 공장가동이 요구되어 2조 2교대제(주야맞교대)의 근무 형태가 운용되고 있는데 근로자별 편차는 있지만 월평균 60~72시간의 연장근로가 행해지는 실정이었다. 컨설팅 후 개선 방안으로 순환휴무제, 계획연차제, 특

별휴가제, 토요일 무급휴일 전환, 제품수요에 따른 3개월 주기의 탄력근로시간제 등을 통해 주당 근로시간을 60시간에서 12시간 줄이고, 주당 연장근로시간을 20시간에서 12시간 줄이면서, 임금보전은 100%, 생산성 향상은 10%, 신규인력 3명 충원 등의 시행성과를 냈다고 발표한 사례이다.

● **시차출퇴근제 도입 사례** 세계적 자동차 부품 기업인 R사의 한국 법인 사무직과 영업직 노동자의 상대적 장시간 근로 문제해결을 위해 탄력적 근로시간제, 시차출퇴근제, 집중근로시간제, 보상휴가제, 근로시간계좌제, 재량근로시간제, 재택근무제 및 모바일오피스제 등 다양한 유형의 유연근로시간제를 검토한 결과 업무특성에 가장 적합한 시차출퇴근제 도입을 제안하였다. 시차출퇴근제는 1일 법정 근무시간인 8시간 근무체제를 유지하면서 근로자별로 출퇴근시간을 달리하여 일하는 제도를 말한다. 시차출퇴근제 운영에 있어 다른 부서와의 업무연계성이 적고 독립적 기능을 수행하는 부서를 적용대상으로 하고, 세 가지 유형의 근무시간대(08:00~17:30, 09:30~18:30, 10:30~19:30)를 제시하였다. 또, 부서간 업무협조 등을 위해 모든 직원이 의무적으로 근무해야 하는 공동근무시간대(10:30~12:30, 13:30~17:30)를 지정한다는 원칙을 세워 추진할 것을 제안한 사례이다.

6) 교대제, '노동시간'과 '노동자'를 맞바꾸려는 것

자본과 정부는 저임금 초장시간 노동에 기초한 억압적 노동체제와 고성과를 위한 즉 착취를 고도화한 유연노동체제, 그리고 이른바 좋은 일자리 만들기 등을 통하여 가동시간 연장, 인사와 조직 및 근무체계의 개편, 다기능화와 배치전환, 자동화 도입, 성과급제 강화, 고용 불안정화 등 온갖 일상적 구조조정을 노동자의 별다른 저항없이 실행할 수 있고, 하고 있다는 것을 알 수 있다. 그 대가로 자본이 내주어야 할 것은 교대제 개선을 통한 약간의 노동시간 단축이지만, 노동시간 단축은 초장시간 노동에 따른 노동력 재생산의 한계는 물론이고 착취를 보다 다면화하고 고도화하여 고성과를 내기 위해 자본 역시 일정 수준에서 필요로 하던 바이다. 게다가 탄력적 근로시간 운영과 성과급 체계, 그리고 비정규직을 활용하면 언제든지 장시간 노동을 시킬 수 있는 것이 현실 아니던가. 또한 이 정도의 대가를 치르고 인건비 증가 없는 가동률 상승, 노동강도 강화, 그리고 신인사제도, 능력 및 성과급제, 다기능교육, 평가제도, 자동화 도입 등 온갖 구조조정을 노동자들의 저항 없이 성공적으로 달성할 수 있게 해주니, 자본에게는 잃을 것이 하나도 없는 거래다.

어쨌든 뉴패러다임과 노사발전재단 등의 컨설팅으로 개별 노동자의 노동시간이 줄어드는 것은 분명한 사실이다. 물론, 단축된 노동시간 중 일부는 학습시간이라는 명분으로 다시 자본에게 내주기도 해야 한다. 이 학습을 통해 노동자로서의 올바른 관점 대신 노사협조주의와 기업 이데올로기를 머릿속에 주입받고, 이 학습을 통해 동료들과 경쟁하기 위한 기술과 지식을 익히며, 이 학습을 통해 언제 어디로 전환배치 되더라도 살아남아 이윤을 창출해 낼 '위대한 근로자'로 재탄생할 것을 강요받는다. 뿐만 아니라 노동시간을 단축하기 위한 전제조건으로 온갖 구조조정을 수용해야 하며, 그에 따른 노동강도 강화와 노동자 사이의 경쟁 격화를 몸과 마음, 삶 전체로 감당해야 한다. 일정한 노동시간 단축과 심야노동 단축을 얻는 대가로 현장 권력 모두를, 노동자의 삶 전체를 내주어야 하는 셈이다.

노사 상생을 명분으로 삼는 뉴패러다임 등 유연노동체제와 이른바 좋은 일자리 만들기가 노동자와 자본가 모두에게 이득을 주는 윈-윈 전략이라는 말은 달콤하고도 몸에 독한 사탕발림에 불과하다. 현실에서 여전히 힘을 발휘하고 있는 억압적 노동체제는 물론이고 유연노동체제와 좋은 일자리 만들기 담론 및 시스템은 더 적은 비용으로 더 많은 일을 시켜서 이윤을 극대화하려는 자본의 대안일 뿐이다. 여기에 노동자들이 사람답게 살기 위한 꿈, 마음, 몸, 필요, 지향을 내주어서는 안 된다.

그렇게 하기 위해서 이윤보다 노동자의 몸과 삶을 우선시 하는 것이 필요하다. 생색내기나 선언에 그치지 않도록 노동자 스스로 시간과 물량에 매이지 않는 노동을 할 수 있어야 하고, 삶의 필요를 제대로 누리기 위한 표준생계비 즉 생활임금을 쟁취할 수 있어야 하며, 노동과정에 대한 노동자의 결정권을 확대하여 사용자들이 노동안전보건 인지적인 경영, 즉 제품의 기획·생산·폐기 전 과정에서 이윤만큼 노동자의 안전과 건강을 중시할 수 있도록 강제해 나갈 주체로서야 한다. 그래야 정상적인 낮시간의 노동과 저녁이 있는 삶을 온전하게 누리면서 노동자들이 일터와 삶터에서 더 안전하고 더 건강하게 더 행복하게 일하고 살아갈 수 있을 것이다.

3장

교대제의 유형과 현황

3장 교대제의 유형과 현황

앞장에서 살펴본 대로 교대제에는 아주 다양한 방식이 있다. 이 장에서는 교대제를 분류하는 기준에는 어떤 것이 있고, 이에 따라 교대제를 어떻게 구분하는지 간략히 살펴보고, 교대제를 하고 있는 우리나라 노동자들은 얼마나 될지 추산해 보고자 한다. 정상적인 낮시간(오전 7시부터 오후 7시 사이의 근무) 이외의 근무나 장시간 노동을 포함한다면 그 수는 생각보다 훨씬 많아진다. 교대제가 개별 노동자의 삶과 건강에 미치는 영향의 크기나, 사회 전체적인 영향도 예상보다 훨씬 클 수 있다.

또 교대제의 현황을 살피는 것뿐 아니라, 각 교대제 형태에 따른 노동시간을 파악하는 것 역시 중요하다. 교대근무를 하는 노동자가 장시간 노동도 하는 경우, 삶과 건강에 미치는 악영향이 커질 수 있는 것처럼, 교대제와 노동시간이 복합적인 영향을 미칠 수 있기 때문이다. 우리나라 노동자들은 어떤 유형의 교대제를 많이 하고 있는지, 또 교대 유형에 따라 노동시간은 어떤지 파악해 보았다.

1. 교대제의 종류

흔히 주야맞교대냐 3조 2교대냐는 식으로 교대제 유형을 말한다. 그러나 이는 단순히 교대조와 하루 중 교대 횟수에 따른 구분일 뿐, 다른 특성들을 종합해 따진다면 교대제 유형은 수천 가지라 할 수 있다. 예컨대 3조 2교대라 하더라도 24시간 조업을 하는 사업장에서는 하루 12시간씩, 18시간 조업을 하는 사업장에서는 하루 9시간씩 일하는 셈이니 결코 똑같다고 할 수 없다. 24시간 조업하는 3조 2교대라 하더라도 교대 주기가 6일마다 돌아가느냐 21일마다 돌아가느냐에 따라 생활이 달라진다. 그밖에도 교대제의 구체적인 특성에 따라 교대근무 노동자의 노동 조건과 생활 조건은 크게 달라진다.

물론 교대제 유형을 연구하는 학자가 아닌 이상 교대제를 수천 가지 유형으로 나누는 모든 기준들을 다 알 필요는 없다. 그러나 지금 우리 현장의 교대제는 어떤지를 진단하고 어떻게 개선할 것인지를 생각한다면 단지 몇 조 몇 교대인가에만 관심을 가질 게 아니라 최소한 몇 가지 기준만이라도 더 염두에 두는 것이 좋다. 모든 노동조건이 동일하다면 2조 2교대보다는 3조 2교대가 낫고, 그보다는 4조 3교대가 낫다고 보아도 크게 틀리지 않지만, 흔히 '모든 노동 조건이 동일하다면'이라는 말을 무시하고 단순히 몇 조 몇 교대인가를 놓고 무엇이 더 나은지를 가늠하는 오류를 범하기 쉽기 때문이다.

1) 하루 중 교대 횟수와 교대조 수에 따라 구분하기

하루 중 몇 번 교대하는지에 따라 2교대, 3교대 등으로 표현하고, 노동자들이 몇 개 조로 나뉘어 교대하는지에 따라 2조, 3조, 4조 등으로 표현한다.

물론 하루 이내에 교대가 이루어지지 않는 경우도 있다. 두 개의 조가 하루씩 번갈아 근무하는 형태를 생각해 보자. 이런 경우는 2조 2교대라고 부르지 않고 격일제, 24시간 맞교대, 또는 1일 맞교대라고 부른다. 1일 맞교대는 24시간 연속 노동을 해야 하기 때문에 일주일에 3일만 일해도 주 노동시간이 72시간에 이르는 살인적인 장시간 노동체계다. 과거 철도 노동자들이 이렇게 일했고, 지금도 경비업 노동자들이나 일부 지역 택시 노동자, 소방공무원 노동자 등 적지 않은 수가 1일 맞교대근무를 하고 있다.

2) 노동시간과 휴식시간 배치에 따라 구분하기

교대제 유형을 진단할 때 가장 중요한 것은 노동시간과 휴식시간이다. 우선 한 주기 중 근무일과 휴무일 수에 따라 구분할 수 있다. 예를 들어 7일 주기 교대제라면 6일 근무-1일 휴무, 5일 근무-2일 휴무, 4일 근무-3일 휴무 등으로 나눌 수 있다. 이와 더불어 연속 근무일, 특히 연속 야간근무일 길이를 따져볼 필요가 있다. 노동자의 건강을 고려한다면 연속 야간근무를 며칠 하느냐가 교대제의 주요한 구분 기준이 될 수 있다.

하루를 단위로 한 노동시간과 휴식시간의 배치도 살펴보아야 한다. 8시간 일하고 16시간을 쉬는지, 아니면 12시간 일하고 12시간을 쉬는지, 근무 중 식사 및 휴식시간은 얼마나 되는지 등을 보아야 하는 것이다. 특히 야간근무 후 다음 근무 전까지의 휴식시간이 중요하다. 한국에서는 야간근무 후 휴일 없이 바로 근무에 돌입하는 것이 보편적이다. 그러나 야간노동의 폐해를 최소화하려면 연속적인 야간근무가 끝나고 새로운 교대 형태의 다음 근무를 시작하기 전에는 심야(22시부터 06시 사이) 휴식시간을 반드시 가져야 한다. 예컨대 월요일 밤에 야간근무를 하고 화요일 아침에 퇴근하고 새로운 교대 형태를 하려면, 화요일 저녁에는 다시 출근하지 않고 수요일 아침근무, 혹은 저녁근무로 들어가야 한다.

휴일의 배치, 즉 주말이나 공휴일에 얼마나 쉴 수 있는지에 따라서도 교대근무자의 생활은 크게 달라진다. 교대근무자들이 가정 및 사회생활을 원활히 할 수 있으려면 남들이 쉴 때 같이 쉴 수 있도록 주말 및 공휴일 휴식을 최대한 보장해야 한다. 아울러 1년 동안 뒤죽박죽 되었던 생체리듬을 회복하고 만성적으로 누적된 피로를 씻을 수 있도록 장기간(연간 6주가량)의 연속 휴식기간을 보장해야 한다.

3) 근무 전환 방식에 따라 구분하기

근무 전환 방식에 따라 주간근무자는 계속 낮에 일하고 야간근무자는 계속 밤에 일하는 고정식 교대제, 주간-야간 또는 낮-저녁-밤근무를 돌아가면서 하는 순환식 교대제로 나눌 수 있다. 순환식 교대제 중에는 단 며칠 만에 돌아가는 빠른 순환과 이삼 주를 주기로 돌아가는 느린 순환이 있다. 3교대 이상에서는 순환 방향에 따라 낮-저녁-밤근무 순서인 시계 방향 순환과 밤-저녁-낮근무 순서인 반시계 방향으로 나눈다.

순환식 교대제에 노동자가 보다 쉽게 적응하기 위해서는 시계 방향으로 진행해야 한다. 또한, 건강을 기준으로 하면 느린 순환보다는 빠른 순환이 더 낫다고 한다. 물론 생활리듬에 적응하는 문제라든가 근무 일정에 맞추어 가정 및 사회생활을 설계하는 문제를 놓고 보면 빠른 순환이 더 불리하다고도 할 수 있다. 실제로 교대근무를 하는 노동자들의 의견 역시 천차만별이다. 중요한 것은 어떤 방식으로 전환하건 '좋은 교대제란 없다'라는 사실이다. 오죽하면 국제노동기구ILO에서 '교대근무를 순환식으로 하건 고정식으로 하건, 그 어떤 변화로도 야간노동의 해악을 줄일 수 없다'고 했겠는가.

근무 전환만을 놓고 볼 때 가장 문제가 되는 유형은 고정 야간근무라 할 수 있다. 1980년대 프랑스의 보건의료부문에서는 하루 10~11시간씩 일주일에 3.5~4일을 근무하는 고정식 야간근무가 매우 흔했다 하는데,생활 및 노동조건 향상을 위한 유럽재단, 『압축 근무 시간』 (*Compressed Working Time*), 2003. 몇 년 전부터는 한국에서도 야간근무만 할 간호사를 모집하는 병원들을 어렵지 않게 찾아볼 수 있다. 또한 인터넷 구인 사이트에는 월 급여 100만 원을 조금 넘는 수준에서 하루 12시간씩 주 4~5일 이상 고정 야간근무를 할 여성노동자를 모집하는 광고가 적지 않고, 제조업이나 유통업에서 야간에만 근무하는 일당직 아르바이트 노동자를 심심치 않게 볼 수 있다. 고정 야간근무가 여성이나 비정규직 노동자에게 집중되고 있음을 짐작케 하는 현상이다.

4) 조업시간 길이와 야간·주말노동 여부에 따라 구분하기

사업장의 조업시간 길이에 따라 교대근무의 조건은 상당히 달라진다. 예를 들어 똑같은 2조 2교대라도 야간조업이 있느냐 없느냐에 따라 노동시간 길이, 야간노동 유무를 비롯하여 여러 가지 노동조건과 생활조건이 달라진다.

이는 주말 조업 여부에 따라서도 마찬가지다. 주말에 쉬는 경우는 주말 비번 교대제라 하고, 주말에도 일해야 하는 경우는 연속 조업 교대제라 하는데, 하루 24시간, 1년 365일 내내 가동하는 연속 조업은 공공부문에서 흔히 찾아볼 수 있다. 이런 노동자들은 공휴일에 휴무를 얻기 어렵기 때문에 가정이나 사회 관계에서 소외, 고립, 갈등을 겪곤 한다.

5) 규칙성과 예측 및 조절 가능성에 따라 구분하기

교대 스케줄이 얼마나 규칙적인가, 노동자가 다음 스케줄을 미리 예측할 수 있는가, 그리고 노동자의 필요에 따라 얼마나 조절할 수 있는가 또한 교대제 유형을 진단하는 데 빼놓을 수 없는 기준이다.

교대 스케줄이 때마다 달라진다면, 노동자는 몇 주 혹은 몇 달 뒤 교대근무 일정을 예측할 수 없기 때문에 장기적인 생활 계획을 세우는 데 어려움을 겪는다. 따라서 가능하면 규칙적으로 근무를 배치하여야 한다. 규칙적인 교대 스케줄을 도저히 짤 수 없다면, 노동자가 필요할 때 근무 일정을 자유롭게 조절할 수 있어야 한다. 몸이 아프거나 중요한 볼 일이 있을 때 자유롭게 근무를 바꾸거나 휴가를 쓸 권리는 교대근무를 하지 않는 노동자에게도 보장되어야 할 기본 권리지만, 교대근무를 하는 노동자들에게는 더욱 중요하다. 필요에 따라 근무 일정을 자유롭게 조절하기 위해서는 다른 노동자들의 휴식과 휴일을 침해하거나 노동강도를 높이지 않도록 충분한 여유 인원이 확보되어 있어야 한다.

업무의 특성에 따라 호출근무나 예정에 없던 연장근무를 해야 할 수도 있다. 호출근무는 영어로 'on-call'이라고 표현하는데, 필요할 때 연락을 받고 나와서 일하는 근무를 뜻한다. 자연재해나 중대사고가 발생하여 관련 부문, 특히 공공부문의 노동자들이 총출동하는 일을 떠올린다면 호출근무가 어떤 것인지 어렵지 않게 이해할 수 있을 것이다. 병원에서도 일반적인 수술은 낮시간에 이루어지나, 심야 응급수술이 갑자기 발생하면 해당 의사와 간호사 등이 호출근무를 하지 않을 수 없다. 호출근무를 해야 하는 노동자들에게는 평소 휴식과 휴일을 충분히 제공하고, 호출근무 후에는 휴식시간을 더 길게 보장해야 한다.

2. 우리나라 교대제 실시 현황

전체 기업체의 15.5%에서 교대근무를 실시하고 있고, 노동자를 30명 이상 고용한 기업에서는 33.6%에서 교대근무를 실시하고 있었다(표 1)고용노동부, 「기업체 노동비용 조사 시범조사」, 2012(배규식 등, 『교대제와 노동시간』, 한국노동연구원, 2013에서 재인용). 제조업, 전기가스수도업에서 교대근무를 수행하는 사업장이 많았고, 사업장의 규모가 커질수록 실시 비율이 높았다. 특히 300인 이상 대기업에서 46.1%의 기업이 교대제를 실시하고 있었다. 교대제 실시 사업장의 63.5%가 2조 2교대 유형의 교대를 실시하고 있었다(표 2).고용노동부, 「기업체 노동비용 조사 시범조사」, 2012

[표 1] 교대제 실시 기업의 산업별 분포

		전체 기업체 수	교대제 실시 비율(%)
전체		89,582	15.5
전체(30인 이상)		28,191	33.6
산업별	광업	278	13.4
	제조업	35,086	22.5
	제조업(30인 이상)	14,015	39.2
	경공업	7,504	28.0
	화학공업	6,550	21.8
	금속 및 자동차	14,359	21.3
	전기·전자	6,673	19.3
	전기가스수도업	99	54.3
	서비스업	41,886	13.6
	서비스업(30인 이상)	14,176	28.0
	운수업	5,152	35.4
	음식·숙박업	1,234	28.1
	부동산임대	1,696	27.0
	사업시설관리·사업지원	4,205	37.0
	예술·스포츠·여가	679	44.2
규모별	10~29인	59,105	7.3
	30~99인	22,470	25.6
	100~299인	6,073	49.2
	중소기업 합계	87,648	14.9
	300~499인	872	47.0
	500~999인	628	43.0
	1,000인 이상	434	48.6
	대기업 합계	1,934	46.1

[표 2] 교대근무 실시 사업장의 교대 유형

	교대제 실시	교대제 형태(도입 기업 중 비율)						
		2조 격일제	2조 2교대	3조 3교대	3조 2교대	4조 3교대	4조 2교대	기타
비율(%)	15.2	12.4	63.5	12.8	3.1	3.7	0.4	4.2

　　교대근무를 수행하고 있는 노동자의 규모는 정확히 파악하기는 어려우나, 근로환경조사 자료에 의하면 10% 내외로 보고 있다. 또한 노동연구원에서 실시한 조사에서도 10% 내외의 노동자가 교대근무를 하고 있는 것으로 조사되고 있다(그림 1). 일반적인 조사 자료에서 교대근무자가 조사에 포함될 가능성이 상대적으로 낮을 수 있

[그림 1] 교대근무 근로자의 비율

※자료 : 한국노동연구원, 노동 패널, 2005, 2009

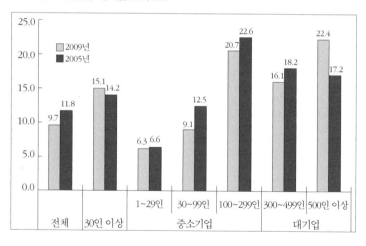

고, 다른 조사에서 수행한 교대근무 사업장의 비율을 고려하면 이는 다소 과소평가되었을 가능성이 있다. 다만 표준시간을(아침 7시부터 오후 7시) 벗어난 근무를 교대근무로 정의하지 않고, 비정형적인 시간대의 순환근무나 야간근무만을 교대근무로 정의할 경우에는 15% 정도를 넘지 않는 노동자가 교대근무를 하고 있다고 추정할 수 있다.

유럽의 27개국을 대상으로 5년마다 실시하고 있는 유럽 노동자 근로환경조사 자료에 따르면, 야간노동을 수행하는 유럽의 노동자 수는 전체 노동자의 19%에 해당된다고 보고하였다. 이때 야간노동은 밤 10시부터 새벽 5시 사이에 2시간 이상 수행하는 것으로 정의하고 있다. 이런 명확한 정의에 의해 국내 노동자들의 야간노동 유무를 평가한다면, 장시간 야근이 일상적인 우리나라 노동자들의 야간노동 비율은 더 증가할 것으로 보인다.

3. 교대제 유형별 현황

안전보건공단에서 실시하고 있는 근로환경조사 자료에서 교대근무를 수행하는 노동자들의 교대근무 유형을 일부 파악해 볼 수 있다. 그러나 노동시간, 휴일, 연속 야간근무 등의 자료를 파악하기는 어려워, 교대제 유형의 구체적인 내용을 파악하기 위한 자료 조사 방법과 범위를 변경하는 것이 필요하다. 현재 이 자료를 통해 파악할 수 있는 내용은 이렇다. 2011년 조사에서도 교대근무 유형 중 2교대 업무를 수행하는 노동자의 비율이 가장 많았다. 전체 교대근무자의 50%를 넘었다. 우리나라의 주요 산업인 자동차, 조선 등에서 2조 2교대근무를 하고 있고, 이들의 1, 2차 하청업체에서도 유사한 근무 형태를 유지하고 있다. 우리나라 공공부문에서도 2교대제 형식을 취하고 있는데, 몇 개 조가 2교대를 수행하느냐는 차이가 있다. 철도, 지하철, 버스 등의 공공부문에서는 3개조가 2개의 근무시간대를 순환하며 근무하는 것이 일반적이다.

24시간 격일제로 근무하는 형태도 11.9%로 여전히 높았다. 정상적인 시간대(오전 9시~오후6시)를 벗어난 시간에 고정근무를 하는 비율도 6.9%를 차지하였다. 특히 15~19세 청소년 노동자에서 이런 고정된 시간의 근무 유형이 많았다(30.7%). 산업별로는 제조업, 도매·소매업, 운수업 등에서 2교대 비율이 높았고, 건물경비업무로 추정되는 부동산·임대 산업이나 사업시설관리 산업 등에서 24시간 격일제 근무 유형이 많았다.

[표 3] 2011년 근로환경조사 교대근무 유형별 비율

※교대 유형 단위는 %, 산업별 비율은 30명 이내 조사 산업은 삭제

구분(1)	구분(2)	조사대상 교대 근무자	평일 분할 교대	24시간 격일 근무	규칙적 2교대	규칙적 3교대	고정 근무	불규칙 2교대	불규칙 3교대	기타
전체	소계	3,642명	4.9	11.9	44.6	21.3	6.9	6.5	2.4	1.6
성별	남성	2,578명	4.1	15.4	48.9	17.3	5.7	5.6	1.5	1.5
	여성	1,064명	6.9	3.6	34.0	30.9	9.9	8.6	4.5	1.7
연령	15~19세	83명	0.0	0.0	46.4	21.9	30.7	1.0	0.0	0.0
	20~29세	688명	7.5	2.2	39.5	30 1	11.6	3.9	3.6	1.7
	30~39세	744명	4.4	5.1	42.9	29.7	5.4	6.1	3.9	2.5

	40~49세	877명	5.4	7.0	49.4	20.5	5.8	9.1	1.7	1.1
	50~59세	763명	4.3	13.0	48.0	16.6	6.3	8.9	1.4	1.6
	60세 이상	487명	3.1	45.6	39.9	4.4	1.6	3.0	1.6	0.9
산업	C. 제조업	732명	2.7	2.0	61.0	24.8	4.1	4.2	0.6	0.6
	F. 건설업	67명	12.3	11.7	35.5	21.5	14.1	4.8	0.0	0.0
	G. 도매 및 소매업	482명	9.5	0.9	38.4	16.3	14.1	16.7	3.2	0.9
	H. 운수업	679명	3.3	7.5	62.5	14.1	3.1	4.7	3.1	1.7
	I. 숙박 및 음식점업	206명	9.1	4.9	34.7	11.1	23.6	14.1	2.0	0.6
	J. 출판,영상,정보 등	58명	15.8	19.4	16.4	19.2	15.7	13.4	0.0	0.0
	L. 부동산, 임대	159명	3.0	45.1	41.0	2.2	5.0	3.6	0.0	0.0
	N. 사업시설관리, 사업지원	416명	2.5	48.6	32.2	11.0	1.9	2.4	0.3	1.0
	O. 행정, 국방, 사회보장	207명	2.7	13.3	29.1	33.4	3.0	5.3	4.1	9.1
	P. 교육서비스	33명	14.1	29.4	14.0	6.4	31.0	1.9	0.0	3.2
	Q. 보건, 사회복지	391명	2.5	4.1	27.3	53.6	1.9	1.6	7.5	1.5
	R. 예술, 스포츠, 여가	106명	6.2	0.3	42.9	17.8	19.7	8.6	1.2	3.3
	S. 협회, 수리, 개인서비스	40명	24.5	5.5	40.9	16.4	2.5	8.6	0.0	1.6

4. 교대제 수행과 노동시간

1) 교대제 실시 사업장에서 더 긴 노동시간

교대제 실시 사업체와 교대제 미실시 사업체의 구분에 의한 노동시간을 비교해 보면, 제조업의 교대제 실시 사업체에서 미실시 사업체보다 주 노동시간, 주 초과 근로시간이 길게 나타났고, 공공부문의 교대제 실시 사업체에서도 마찬가지로 미실시 사업체와 비교하여 주 노동시간, 주 초과 근로시간이 길게 나타나고 있다.

한국과는 대조적으로 유럽연합 국가들에서는 교대제 근무를 하는 노동자들이 교대제 근무를 하지 않는 노동자들보다 노동시간이 더 표준노동시간에 가깝고, 주당 48시간 이상을 근무하는 장시간 노동 비율은 더 낮게 나타나고 있다. 즉 한국에서는 교대제가 장시간

[그림 2] 유럽연합 27개국의 교대제와 비교대제의 노동시간 비교

※자료: Parent-Thirion, A. et al., *Fourth European Working Conditions Survey*, European Foundation for the Improvement of Living and Working Conditions, 2007.

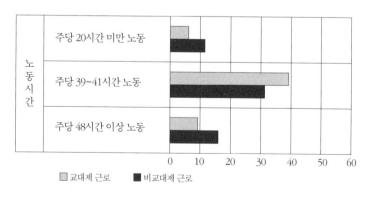

노동 구조의 하나로 나타나는 것이 특징적인 데 반해, 유럽연합에 뒤늦게 참여한 동유럽 국가들을 포함한 유럽 국가들에서는 교대제가 장시간 노동과 연동되지 않는다. 오히려 교대제가 노동시간을 줄이기 위해 등장하였고, 교대제의 이러한 목적과 운영이 정착되고 있음을 보여 주고 있다.

[표 4] 교대제 실시 여부에 따른 주 노동시간과 초과 노동시간

※자료: 한국노동연구원, 사업체 패널, 2009(배규식 등, 『교대제와 노동시간』, 한국노동연구원, 2013에서 재인용)

		교대제 실시			교대제 비실시		
		표본 수	주 노동시간	초과 노동시간	표본 수	주 노동시간	초과 노동시간
전체		14,788	47.13	6.63	25,431	45.89	5.41
규모	30~99인	9,881	47.39	6.78	20,399	45.95	5.46
	100~299인	3,843	46.55	6.27	4,063	45.70	5.23
	300~499인	566	47.46	7.26	476	45.62	5.22
	500인 이상	498	46.03	5.80	493	45.00	4.82
산업	제조업	6,460	49.28	8.90	9,349	47.47	7.10
	비제조업	8,329	45.46	4.88	16,082	44.97	4.43
부문	민간부문	14,681	47.14	6.64	25,173	45.90	5.42
	공공부문	107	46.28	6.04	258	44.12	3.97

2) 교대제와 장시간 노동의 이중고를 겪는 한국의 노동자들

우리나라에서 교대근무를 실시하는 노동자의 숫자가 유럽을 비롯한 선진국들에 비해 적게 조사되는 것은 실제 우리가 예상했던 결과에 반한다. 이에 대해 두 가지 해석이 덧붙여져야 할 것이다.

첫째, 교대근무를 비표준시간노동(오전 7시부터 오후 7시까지의 노동 이외의 노동)으로 정의할 경우, 장시간 노동이 일상화되어 있는 우리나라 노동자들의 교대근무의 비율은 급격히 증가할 것이다. 교대근무에 대한 표준화된 정의가 국제 비교를 위해 필요한 부분이다. 이를 명확히 하지 않고 교대제 노동의 비율을 국제적으로 비교하는 것은 큰 한계를 갖는다.

둘째, 국내에서는 장시간 노동이 순환근무로서의 교대제 근무를 대체한 측면이 있다. 2개조 이상을 운영하여 노동시간을 줄이고 인력을 늘리는 방식의 유럽식 노동시간 단축과 교대제 도입이 우리나라에서는 장시간 노동으로 인력 충원을 줄이고, 생산량을 유지하는 방식이 더 선호되었다는 판단이다. 특히나 충분한 인력이 확보되지 못한 상황에서 실시되고 있는 교대제는 더 적은 조가 편성되고(4조 3교대가 아니라 3조 3교대, 혹은 3조 2교대가 아니라 2조 2교대), 적은 조편성과 인력으로 인해 초과노동이 언제나 가능한 상황이 만들어지는 구조다. 이로 인해, 교대근무를 통해 장시간 노동이 일부 해소되는 것이 아니라, 여전히 장시간 노동을 수행해야만 하는 구조가 만들어진 것이다. 이렇게 교대근무도 하고 장시간 노동도 유지가 되는 우리나라 노동자들의 상황은 유럽을 비롯한 여러 선진국들과는 다른 상황에 놓여 있는 교대근무의 한국적 특수상황이라 할 수 있다.

4장

교대제와 황폐해진 노동자의 몸

4장 교대제와 황폐해진 노동자의 몸

"의학적 측면에서 야간노동에 종사하는 시간(기간)을 줄이지 않는 한, 교대근무를 순환식으로 하건 고정적으로 하건, 그 어떤 변화로도 해악을 줄일 수 없다. 가족과 사회생활을 잘할 수 있도록 교대근무 스케줄을 조정하는 방법은 하루 노동시간을 줄이는 것이다. 아무리 노동시간을 줄인다고 해도 생리학적인 관점에서 볼 때는 야간노동을 하면서도 건강을 해치지 않기 위한 대안은 없다."
— 국제노동기구ILO

보통 자정부터 새벽 5시 사이의 근무인 야간노동을 포함하게 되는 교대근무는, 노동자의 신체적 건강은 물론이고 정신적 건강에 이르기까지 악영향을 미친다. 더욱이 한국의 노동자들은 야간노동에 더해 장시간 노동까지 수행하니 건강에 미치는 악영향은 더 커질 수밖에 없다. 야간노동은 소화기계 증상과 수면장애에서부터 암에 이르기까지 다양하게 건강에 영향을 치는데, 이는 많은 연구를 통해 밝혀져 왔다. 이번 장에서는 교대제가 어떻게 사람의 몸을 망가뜨리게 되는지 다양한 조사와 연구 결과에 근거하여 설명하고자 한다.

1. 생물학적 리듬과 교대근무

교대근무가 노동자들의 건강에 미치는 영향에 대해 알기 위해서 우선 생물학적 리듬biological rhythm에 대해 이해할 필요가 있다. 교대근무는 인간의 자연스러운 생물학적 리듬을 교란시켜 각종 신체 기능의 질서를 무너뜨리기 때문이다.

1) 생물학적 리듬

인체의 여러 생리적 시스템은 규칙적인 리듬에 따라 움직인다. 생체에서 관찰되는 생물학적 리듬은 주기에 따라 크게 세 가지로 나누어 볼 수 있다.

첫째, 하루 이내의 리듬ultradian rhythm. 한 주기가 20시간보다 짧은 리듬을 말한다. 예를 들어 아침, 점심, 저녁의 식사주기는 음식을 섭취하고 소화하여 배고픔을 느껴 다음 식사를 하기까지 하루보다 훨씬 짧은 사이클을 가진다.

둘째, 하루 이상의 리듬infradian rhythm. 한 주기가 28시간 이상인 경우를 말한다. 대표적인 예는 여성의 생리주기로 평균 28일이다.

셋째, 하루를 주기로 하는 리듬circadian rhythm. 한 주기가 대략 24시간인 리듬이다. 매우 많은 생리적 기능들이 이 리듬에 따라 이루어진다. 새벽 5시경 가장 낮고 오후 5시경 가장 높아지는 체온, 코르티

솔이나 멜라토닌과 같은 호르몬 농도, 심장 박동이나 혈압 등 심혈관계 기능, 위장관 소화효소 분비, 전해질의 균형, 혈액 속 백혈구 수, 근력, 각성도, 감정, 기억력 등이 모두 그렇다. 뿐만 아니라 천식, 협심증, 심근경색, 뇌경색, 간질 등 여러 질환들의 증상 역시 하루주기로 달라지고 약물이나 독성물질에 대한 생리학적 반응 역시 하루주기 리듬을 따르기 때문에 하루주기 리듬은 의학적으로도 매우 중요하다.

2) 생물학적 리듬의 교란의 위험성

아무런 외부 자극이 없는 상태에서 인체의 하루주기 리듬은 정확히 24시간이 아니라 이보다는 약간 더 긴 것으로 알려져 있다. 만약 빛과 같은 아무런 자극이 없다면 사람의 뇌에 있는 생체시계의 주기에 따라 생체리듬은 24시간이 넘는 주기를 갖게 된다. 그러나 실제 인체의 리듬은 지구 자전주기인 24시간에 따라 해가 뜨고 지는 일이 계속 반복되기 때문에 이 자극을 따라가게 된다.

비행기를 타고 멀리 여행을 갈 때를 생각해 보자. 여행지와의 시차만큼 해가 뜨고 지는 시간이 달라지고 생체시계는 실제 시계에 비해 그만큼 앞당겨지거나 혹은 미뤄진 상태이다. 그래서 한동안 달라진 시차에 적응하는 힘들고 피곤한 시간을 보내고 나면, 생체시계가 점차로 다시 세팅되고 실제 시계와 일치된 주기를 가진 자연스러운 생물학적 리듬이 이어지게 된다. 그곳에서도 24시간을 주기로 해가 뜨고 지기 때문에 빛의 자극에 따라 생체시계가 앞당겨지거나 미뤄지게 되는 적응시간을 거친 후에는 원래대로 다시 24시간 주기로 돌아갈 수 있게 되는 것이다.

교대근무 역시 인체의 하루주기 리듬을 바꾸는 중요한 외부 자극이다. 야간노동으로 인해 인위적으로 낮과 밤이 바뀌고, 깨어 있는 시간과 자야 하는 시간이 달라지기 때문이다. 이는 마치 매주 지구 반대편으로 여행을 하는 것과 같은데, 해가 뜨고 지는 시간은 그대로 이니 빛의 자극에 생체시계가 따라가기도 어려워, 생체리듬의 교란은 더욱 심각할 수밖에 없다. 결과적으로 각종 생리적 기능들의 하루주기에 변화를 일으키게 된다.

가령 정상적으로 낮시간에 활동하는 사람의 체온은 이른 아침에 최저점에 이르고 늦은 오후에 최고점에 이르는데, 밤근무에 적응해 가면서 체온 곡선은 점차 평평해졌다가 차차 거꾸로 바뀌게 된다. 즉, 일정한 시간이 지나면 생체시계가 새로이 세팅되고 낮밤이 바뀐 상태에 적응을 하게 된다는 것이다.

그러나 완벽한 적응은 실험실이나 이론상으로만 가능할 뿐, 실제로는 거의 불가능하다. 하루주기 리듬에 영향을 미치는 온갖 요인들을 완벽하게 통제할 수 없기 때문이다. 예를 들어 하루주기 리듬을 설정하는 데 매우 중요한 역할을 하는 빛이 그렇다. 생체기능이 하루주기 리듬에 따라 정상적으로 작동하려면 낮에는 빛을 충분히 받고 밤에는 빛을 받지 않아야 한다. 그런데 야간근무를 하면 아무리 환하게 조명을 밝혀도 진짜 낮만큼 충분한 빛을 받을 수 없고, 근무를 마친 뒤 휴식을 취할 때는 아무리 노력해도 진짜 밤처럼 빛을 차단할 수 없다.

게다가 가정 및 사회에서의 온갖 활동, 식사, 주변 소음 등, 생체기능에 영향을 미치는 수많은 외부 자극 역시 완벽한 통제가 불가능한 요인들이다. 인류 모두가 야행성으로 생활해야 하는 생태계 전반의 변화가 찾아오지 않는 한, 야간노동으로 인한 하루주기 리듬의 교란을 완벽히 피할 수 없다. 결국 인체의 수많은 생리기능이 생체시계에 맞춰 조화롭게 조절되는 평화로운 상태가 깨지고 여러 가지 건강 문제를 일으키는 원인이 된다. 간혹 야간근무가 힘들지 않고 오히려 낮근무보다 낫다고 말하는 노동자를 만나는 경우도 있는데, 노동자 자신이 인식하지 못하는 사이에도 신체에서는 이런 변화가 일어나며 따라서 건강 문제를 일으킬 수 있다.

완벽한 순응이 불가능한 또 하나의 이유는 생물학적 리듬이 아주 천천히 바뀌기 때문이다. 하루주기 리듬을 따르는 여러 생체 기능들마다 변동의 폭은 다소 다르지만, 대략 한 번에 1시간가량 빨라지거나 2~3시간가량 늦출 수 있을 뿐이다. 예를 들어 체온의 생물학적 리듬이 야간근무에 완전히 순응하려면 몇 주일의 시간이 필요하다. 그러나 그 전에 다시 교대 스케줄이 바뀌기 때문에 결국 체온의 생물학적 리듬은 완전히 순응하지 못한다. 교대근무에 종사하는 노동자라면 대개 이를 경험해 보았을 것이다. 이들은 "야간근무를 하면 처음 며칠은 몹시 피곤하다가 조금 적응이 될 만하면 다시 근무가 바뀌어 버려 소용이 없다"라고 말한다.

그렇다면 생체기능들이 완전히 순응할 수 있도록 몇 주일 이상 길게 야간근무를 지속하면 좀더 나을까? 그렇지 않다. 완벽한 적응이 불가능하기 때문에, 연속 야간근무 일수를 늘리는 것은 오히려 불완전한 순응상태, 즉 생물학적 리듬의 교란상태를 장기화하여 오히려 건강에 악영향을 미친다. 하루 야간노동을 한 경우, 잠깐 흐트러진 생체리듬을 충분한 휴식을 통해 회복해야 하는데, 연달아 야간근무를 하게 되면 회복시간이 부족해지고 다음 휴일이 올 때까지의 기간이 길어져 피로가 누적될 수 있기 때문이다. 이 때문에 국제노동기구에서는 연속해서 근무하는 밤근무를 최대한 줄일 것을 권고하고 있다.

2. 수면건강

"잠 좀 푹 자봤으면 좋겠다", "자도 잔 것 같지 않다", "시도 때도 없이 졸려서 골치 아프다"…… 교대근무 특히 야간근무를 하는 노동자들에게 가장 큰 고충 중 하나는 잠이다. 일하는 동안에는 쏟아지는 졸음을 견디느라 쩔쩔매고, 깜박 졸다가 실수를 하거나 사고를 내기 일쑤인 반면, 막상 일을 마치고 잠자리에 누우면 잠이 오지 않고 잠들더라도 쉽게 깨기도 한다. 푹 자려면 술을 마시거나 심한 경우 수면제를 복용해야 하는 경우도 있다.

수면장애는 그 자체로 고통스럽다. 누워도 쉽게 잠들지 못하고, 잠이 들었다 해도 중간에 자꾸 깨서 푹 자지 못하거나, 깨어 있어야 하는 시간에 잠이 쏟아져 졸음을 참아야 하는 수면장애의 증상은 겪어 보지 않으면 아무도 모르는 고통이다.

수면장애는 그 자체의 괴로움에 그치는 것이 아니라 교대근무자에게 앞으로 다른 신체적·심리적 건강에 영향이 나타날 수 있다는 경고를 보내주는 신호등의 역할을 한다. 수면과 관련된 증상은 야간근무로 인한 생물학적 리듬의 파괴로 인해 가장 먼저, 가장 직접적으로 나타나는 증상이기 때문이다. 그래서 이후 발생할 수 있는 심혈관 질환이나 암, 사고 등을 예방하기 위해 수면장애를 관리하고 예방하려는 노력이 중요하다.

1) 24/7사회의 유행병, 수면장애

현대인들은 여러 종류의 수면장애 증상을 호소한다. 충분한 시간 동안 푹 자기엔 해야 할 일들이 너무 많고 다양한 문제에서 비롯되는 심리적 스트레스가 갈수록 심각해지기 때문일 것이다. 수면장애는 전 국민의 10~20% 이상이 증상을 보고할 정도로 흔한 문제가 되었다. 하지만 교대근무자들은 이보다 훨씬 더 많은 수가 수면장애를 겪는다는 것이 잘 알려져 있다. 교대시간에 맞춰 잠을 자야 하지만, 생체리듬은 마음대로 바뀌지 않기 때문에 쉽게 잠들기 어렵거나 잠들더라도 깊이 잠들지 못하고 자주 깨 충분히 깊은 잠을 잘 수 없다. 가족을 비롯한 다른 사람들이 활동하는 낮시간에 자야 하기 때문에 수면이 방해받기도 한다.

2011년 금속노조 조합원들을 대상으로 한 수면장애 증상 조사를 보면, 교대근무를 하지 않는 경우에도 39.6%가 수면의 질이 나빴고, 44.7%가 반드시 깨어 있어야 할 때도 졸린 '주간졸림증'이 의심되었으며, 14.8%가 중등도 이상의 불면증이 의심되었다.[*]

2013년 철강업종 노동자들을 대상으로 설문조사를 실시한 결

---

[*] 교대근무자의 수면장애 증상은 이보다 훨씬 더 심각했다. 교대근무자들은 주간근무를 할 때도 49.8%가 수면의 질이 나빴고, 60.1%가 주간졸림증이 의심되어 의사의 상담이 권고되었으며, 36.3%는 중등도 이상의 불면증이 의심되었다(전국금속노동조합·녹색병원 노동환경건강연구소·한국노동안전보건연구소, 『수면장애 실태조사 보고서』, 2011, 82~83쪽).

과에서도 수면장애의 심각함을 확인할 수 있었다. 철강업종 역시 대표적인 장치 산업으로 대부분의 노동자가 교대근무를 한다. 설문 응답자의 78%가 4조 3교대로 일하고 있었고, 주간고정 노동자는 15.7%에 불과했다. 이 조사에서도 전체의 47.3%, 교대근무자의 53.1%가 중등도 이상의 불면증이 의심되었고, 39.7% 노동자가 주간 졸림 증상으로 의사 상담이 권고되었다.전국금속노동조합·한국노동안전보건 연구소, 『철강업종 노동자의 교대제 및 건강 영향 실태조사 연구보고서』, 2013, 59쪽.

2) 부족한 수면시간

교대근무자들은 일반적으로 야간근무를 하는 동안 수면의 양(수면시간)이 줄어든다. 그리고 이 부족한 수면을 보충하려다 보니 일을 하지 않는 날이나 주말에는 수면시간이 오히려 길어진다. 이러한 불규칙한 수면시간 패턴은 교대근무자들에게서 전형적으로 나타난다.

1993년 싱가포르 교대근무자를 대상으로 한 연구에서 8시간 낮근무를 하는 78명은 평균 수면시간이 7.1시간이었지만, 야간근무를 하는 159명의 수면시간은 5.6~6.1시간에 불과했다.Chan OY, Gan SL, Yeo MH, "Study on the health of female electronics workers on 12 hour shifts". *Occup Med*(Lond) 1993; 43(3): 143~148.

2003년 핀란드 운전사 및 교통관제사를 대상으로 한 연구에서 이틀 연달아 야간근무를 하고 난 뒤에는 낮근무를 하는 대조군보다 수면시간이 짧았다. 운전사들에서는 2.9시간, 교통관제사들에서는 3.5시간이 줄어들었다.Sallinen M, Härmä M, Mutanen P, Ranta R et al., "Sleep-wake rhythm in an irregular shift system", *Journal of Sleep Research* 2003; 12(2): 103~112.

2011년 금속노조 조합원을 대상으로 한 설문조사에서도 교대근무를 하지 않는 노동자들의 경우에는 80% 정도가 평균 6시간 이상 수면을 취하고 있었지만, 교대근무자의 수면시간은 훨씬 짧았다. 교대근무자의 경우 주간근무를 할 때 6시간 이상 잠을 자는 노동자 비율이 73.4%였고, 야간근무 중에는 그 비율이 35.8%에 불과했으며 무려 35%가 5시간 미만으로 수면을 취한다고 응답했다.*

[표 1] 교대 형태와 수면시간(금속노조 조합원, 2011)

수면시간	비교대근무	교대근무(주간)	교대근무(야간)
5시간 미만	6.1%	5.3%	34.9%
5~6시간	13.8%	21.3%	29.4%
6~7시간	40.9%	43.2%	21.8%
7시간 이상	39.3%	30.2%	14.0%

2013년 철강 노동자 연구에서도 주간고정 근무자들의 평균 수면시간이 6.4시간인 데 비해 교대근무자들의 평균 수면시간은 6.2시간으로 좀더 짧았으며, 특히 교대근무자가 야간근무를 할 때에는 수면시간이 평균 5.8시간으로 뚜렷하게 짧은 것으로 나타났다. 이 연구에서 저녁근무 시에 수면시간은 6.7시간으로 가장 길고 주

---

* 전국금속노동조합·녹색병원 노동환경건강연구소·한국노동안전보건연구소, 『수면장애실태조사 보고서』, 2011, 83쪽, 전국금속노동조합·한국노동안전보건연구소, 『철강업종 노동자의 교대제 및 건강 영향 실태조사 연구보고서』, 2013, 62쪽에서 재인용.

간근무, 야간근무 순으로 수면시간이 짧아지는 것으로 나타났다.^전 국금속노동조합·한국노동안전보건연구소, 『철강업종 노동자의 교대제 및 건강 영향 실태조 사 연구보고서』, 2013, 47쪽. 이는 국내 자동차 공장에서 2교대 근무를 하는 노동자들에 대한 이전의 조사 결과와도 유사하다.Son M, Kong JO, Koh SB, et al., "Effects of long working hours and the night shift on severe sleepiness among workers with 12-hour shift systems for 5 to 7 consecutive days in the automobile factories of Korea", *Journal of Sleep Research*, 2008; 17(4): 385. 이 연구 결과는 야간 교대 근무를 할 경우 수면의 질이 낮고 수면시간도 짧아지기 때문에 이 를 만회하기 위해 더 긴 수면시간을 확보할 수 있도록 근무 후 휴식 시간을 더 길게 가져야 한다는 점을 시사한다. 또한 야간근무 후에는 일하는 동안 밀린 잠의 빚을 갚기 위해 더 긴 휴일이 필요하다.

이러한 내용을 종합해 보면 교대근무는 전체적인 수면시간을 줄이며 그 양상은 교대근무의 시기에 따라 야간근무가 끝나고 낮에 자는 경우와 이른 새벽 출근을 앞둔 경우 수면시간이 감소하는 것으 로 보인다.

다음의 [그림 1]은 그러한 수면시간 감소의 전형적인 양상을 뇌 파검사 결과로 보여 주는 것이다. 수면단계의 수치가 0인 경우는 깨 어 있는 상태이고 수치가 떨어질수록 잠에 깊이 든 상태이다. 야간 작업 도중에 자기도 모르게 잠든 경우가 보이고, 야간작업 이후 낮 시간에 취하는 수면시간은 짧으며, 수면 유지가 어려워 보통 자발적 으로 깨어나게 된다. 대신 부족해진 수면을 보충하기 위해 오후에 낮잠을 자게 되는 경우가 흔하다.Åkerstedt T, "Shift work and disturbed sleep/ wakefulness", *Occupational Medicine* 2003; 53: 90.

아침 교대근무 이전의 수면시간 감소도 전형적인 양상을 보이

[그림 1] 야간작업자의 전형적인 수면 양상

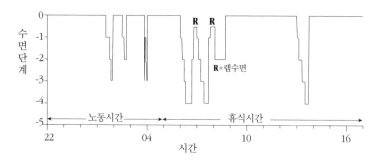

는데 이는 이른 아침 출근을 위해 이른 잠자리에 들지만 생체리듬상 각성 상태가 지속되는 시간이며 일찍 일어나야 한다는 부담감이 더해져 잠들기가 더욱 어려워지기 때문이다.

3) 자도 잔 것 같지 않다, 수면의 질

개인이 수면을 통해 느끼는 만족감, 즉 깨어날 때의 느낌이나 잠에서 깨기 쉬운 정도, 깨고 나서의 피곤함이나 상쾌함 등의 수면의 질도 교대근무로 인해 나빠지게 된다. '자고 일어나도 잔 것 같지 않다'는 말이 공연한 것이 아니었다.

1992년 미국의 간호사들을 대상으로 한 연구에서 야간근무군은 수면시간의 감소는 물론 주간근무군에 비해 수면의 질이 좋지 않았으며 이로 인해 수면제 복용의 위험이 높고 출퇴근 시 졸음운선 위험도 높았다.Gold DR, Rogacz S, Bock N, Tosteson TD, Baum TM, et al., "Rotating shift work, sleep, and accidents related to sleepiness in hospital nurses", *American*

Journal of Public Health 1992; 82(7): 1011.

　　고정 야간근무의 경우 이러한 현상이 더 심한 것으로 나타났는데, 2003년 142명의 간호사들을 대상으로 실시한 설문조사 결과 고정 야간근무군은 수면의 질이 더욱 현저히 감소하였고, 우울 및 불안 지수가 증가하였다.Ruggiero JS, "Correlates of fatigue in critical care nurses", *Research in Nursing & Health*, 2003; 26(6): 434.

　　앞서 소개한 철강업종 노동자를 대상으로 한 연구에서도 수면의 질을 평가하였다. 주간근무 시에는 응답자의 59.3%가 수면의 질이 "아주 좋다" 또는 "대체로 좋다"고 답했지만, 야간근무 시에는 단지 14.6%만이 수면의 질이 "아주 좋다" 또는 "대체로 좋다"라고 답했다. 84.4%는 야간근무 시 수면의 질을 "대체로 나쁘다" 또는 "아주 나쁘다"고 평가하였다.전국금속노동조합·한국노동안전보건연구소, 『철강업종 노동자의 교대제 및 건강 영향 실태조사 연구보고서』, 2013, 49쪽.

[그림 2] 주야간근무 시 수면의 질(철강업종 노동자, 2013)

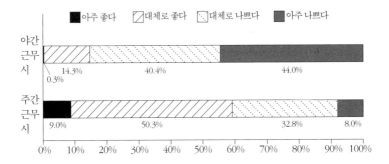

2013년 5개 발전공기업 노동자를 대상으로 한 조사에서도 교대근무자의 경우 주간근무 때는 27%가 수면의 질이 낮다고 응답한 데 비해 야간근무 시 수면의 질이 낮다고 응답한 비율은 82%로 매우 큰 차이를 보였다.한국발전산업노동조합·한국노동안전보건연구소, 『발전노동자의 노동조건과 건강 실태조사 연구보고서』, 2013, 68쪽. 이는 4조 2교대인지 4조 3교대인지에 상관없이 유사하게 나타났다.

수면의 질 문제는 잠을 자다가 자꾸 깨는 경험으로 나타나기도 한다. 철강업종 노동자들에게 자다 깨는 경험에 대해 물었다. 교대근무자가 주간근무를 할 때는 한 번 이상 깬다는 응답이 65.4%로 주간고정 근무자보다 더 적었다. 하지만, 야간근무 때에는 한 번 이상 깨는 응답자의 비율이 92.1%로 수면의 질이 현저히 나빠지는 것으로 나타났다. 하룻밤에 세 번 이상 자다 깨는 심각한 수면의 질 저하를 겪는 경우는 주간근무 때 12.8%였으나, 야간근무 때에는 42.1%로 약 3.3배가량 더 많았다.전국금속노동조합·한국노동안전보건연구소, 『철강업종 노동자의 교대제 및 건강 영향 실태조사 연구보고서』, 2013, 48쪽.(%는 필자가 다시 계산)

[표 2] 주야간 자다 깬 횟수(철강업종 노동자, 2013)

근무 형태 / 자다 깬 횟수	주간고정근무	주간근무	야간근무
0회	91명(27.5%)	601명(34.6%)	140명(7.9%)
1회	115명(34.7%)	535명(30.8%)	307명(17.4%)
2회	77명(23.3%)	413명(23.8%)	577명(32.7%)
3회	34명(10.3%)	138명(7.9%)	454명(25.7%)
4회 이상	14명(4.2%)	50명(2.9%)	289명(16.4%)

4) 다른 문제로 이어지는 수면장애

이렇게 교대근무로 인한 수면시간의 감소와 수면의 질 하락은 근무자 개인의 건강 문제에 그치는 것이 아니라 교대근무자에게 만성피로를 발생시켜 생산성을 떨어뜨리고, 업무 중 졸음을 유발하여 큰 사고로 이어지기도 한다. 2002년 스웨덴에서 일반 인구 5,589명을 대상으로 한 연구에서 숙면을 취하지 못한 경우 근무 중 졸음이 2.1배 증가하며 교대근무군에서는 1.6배 증가하는 것으로 조사되었다.Akerstedt T, Knutsson A, Westerholm P, Theorell T, Alfredsson L, and Kecklund G, "Work organisation and unintentional sleep: results from the WOLF study", *Occupational and Environmental Medicine*, 2002; 59(9): 595. 이러한 졸음은 결국 작업장 내에서 치명적 사고로 이어진다. 스웨덴에서 같은 자료를 통해 살펴보니 수면장애가 있는 경우 치명적 사고 위험이 1.9배 증가하고 주간근무자가 아닌 경우 사고 위험이 1.6배 증가하는 것으로 나타났다.Akerstedt T, Fredlund P, Gillberg M, and Jansson BA, "Prospective study of fatal occupational accidents-relationship to sleeping difficulties and occupational factors", *Journal of Sleep Research*, 2002; 11(1): 69.

뿐만 아니라 야간작업으로 인한 수면장애는 퇴근길 교통사고의 위험을 증가시키기도 한다. 2000년 210명의 미국 항공 관제사를 대상으로 한 연구에서 야간근무군은 주간근무군에 비해 업무 중 졸거나 퇴근길 운전 중 조는 경험이 많은 것으로 나타났으며,Cruz C, Della Rocco P, Hackworth C, "Effects of quick rotating shift schedules on the health and adjustment of air traffic controllers", *Aviation, Space, and Environmental Medicine*, 2000; 71(4): 400. 2007년 미국의 간호사 895명을 대상으로 한 연구에서도 야간근무군이 주간근무군에 비해 졸음운전을 할 위험이 40~100% 높아지는 것으로 나타났다. 또한 근무 중 아예 졸았던 경우는 졸음운전 위험이 1.3배 정도였지만, 억지로 깨어 있으려고 노력했던 경우는 졸음운전의 위험이 3.4배나 높아졌다.Scott LD, Hwang Wei-Ting, Ann ER, Nysse T, Dean GE, and Dinges DF, "The Relationship between Nurse Work Schedules, Sleep Duration, and Drowsy Driving", *Sleep*, 2007; 30(12): 1801.

5) 수면장애를 악화시키는 노동조건

수면장애는 타고난 체질이나 생활습관, 건강상태와 같은 개인적 요인으로 결정된다고 생각하기 쉽다. 그러나 각종 환경요인들 역시 수면장애를 발생시키거나 더욱 악화시킬 수 있다. 주관적 수면장애 증상과 개인적 특성 및 각종 노동조건들의 연관성을 분석한 결과, 수면장애 증상은 개인적 특성보다도 노동시간이나 근무 형태 등의 구조적 노동조건, 육체적 작업강도, 노동과정의 유연화 등에 의해 주로 영향을 받는다는 것을 확인할 수 있었다.

2003년 서울도시철도공사 노동자들을 대상으로 11가지 수면장애 증상을 조사했던 결과를 종합 분석해 보니, 교대근무를 하는지 여부가 다른 어떤 요인보다 가장 중요한 위험 요인이었고 다른 노동조건들도 수면장애 증상 위험을 높이는 것으로 나타났다. 한국노동안전보건연구소(준)·인제대학교 보건안전공학과, 『도시철도 노동자들의 노동조건과 건강실태 및 작업환경평가 조사 연구보고서』, 2003, 48~51쪽. 월 평균 노동시간이 184시간 이하인 사람들보다 185시간 이상인 사람들의 수면장애 위험이 1.56배 높았고, 작업강도가 약한 사람들보다 보통 수준인 사람들은 1.86배, 작업강도가 센 수준인 사람들은 2.55배 높은 증상 위험을 보였다. 또한 유연화를 통한 노동강도 강화를 심하게 겪은 이들의 위험도는 덜 겪은 이들에 비하여 수면장애 증상이 있을 위험이 1.96배 높았다. 개인적 특성 중에서는 규칙적인 운동 여부만이 유의미하게 나타났을 뿐이다. 규칙적으로 운동을 하는 사람들과 비교할 때 운동을 하지 않거나 불규칙하게 하는 사람들의 수면장애 위험은 1.73배 높았다.

또한 같은 내용으로 교대근무자들에 대해서만 추가로 분석해 본 결과, 교대근무자 중 지하에 근무하거나, 월 평균 노동시간이 길 때, 작업이 힘들 때, 수면장애 증상의 위험도가 증가하였다. 야간근무 일수가 많다고 느끼는 경우에는 1.77배, 야간근무를 하는 날 병가나 휴가를 자유롭게 사용하지 못한다면 1.87배씩 수면장애 위험이 높아졌다. 개인적 특성 중에는 역시 운동 여부만이 유의미하였다.

이러한 결과는 수면장애가 개인의 생물학적·사회적 특징에 의해 결정되는 개인적 문제가 아니라 사업장의 노동조건으로부터 기인하는 것이며, 따라서 노동조건을 개선함으로써 수면건강을 향상시킬 수 있음을 시사한다.

야간 교대근무를 하게 되면 수면시간이 짧아지고 수면의 질이 낮아진다. 당연히 피로는 증가하게 되고 다양한 다른 건강 문제로 이어지게 된다. 이를 예방하려면 근무 후 휴식시간을 더 길게 가져야 하고 특히 야간근무 후에는 일하는 동안 밀린 잠의 빚을 갚기 위해 더 긴 휴일이 필요하다.

교대근무로 인한 수면장애가 널리 알려져 있지만, 교대근무자들 대부분이 이를 보충할 만큼 충분한 낮잠시간이나 근무 후 휴식시간, 그리고 긴 휴일을 보장받지 못하고 있는 것이 현실이다. 유럽과 미국에서도 교대근무자들이 비교대근무자들에 비하여 일주일당

5~7시간 정도 수면시간이 짧은 것으로 조사되었다. 하물며 교대제와 동시에 장시간 노동을 수행하고 있는 한국에서는 두말할 필요가 없을 것이다.

3. 뇌심혈관 질환

뇌혈관과 심장혈관의 혈류에 이상이 생겨서 발생한 질병을 통틀어 뇌심혈관 질환이라고 한다. 뇌심혈관 질환은 우리나라 남녀 모두에서 암에 이어 두번째로 흔한 사망원인으로 매년 5만 명 이상이 이로 인해 사망한다.

이러한 뇌심혈관 질환은 크게 뇌혈관 질환과 심장 질환으로 나눌 수 있다. 뇌혈관 질환에는 뇌혈관이 막혀서 발생하는 뇌경색과 뇌혈관기형, 고혈압 등으로 뇌혈관이 파열하는 뇌출혈이 있다. 뇌경색은 동맥경화 등으로 막힌 혈관 아래쪽 뇌 조직이 산소와 영양부족으로 급속히 손상되어 갖가지 신경마비 증세가 나타난다. 뇌출혈은 뇌동맥에서 터져 나온 피가 굳어 생긴 핏덩어리가 뇌 조직을 압박하고, 터진 혈관 이후에 혈액공급이 부족해서 증상을 일으킨다.

대표적 심혈관 질환은 허혈성 심장 질환이다. 심장에 혈액을 공급해 주는 관상동맥이 좁아지면 심장근육에 혈액 공급이 부족(허혈)하여 동맥이 수축하면 가슴에 통증이 발생하는데 이런 질환을 허혈성 심장 질환이라고 한다. 대표적으로 심장이 조이는 협심증, 관상동맥이 막혀서 심장이 괴사되어 생기는 심근경색증이 있으며, 사망에 이르게 될 수 있는 치명적인 질병이다.

1) 교대근무가 뇌심혈관 질환을 일으키는 경로

뇌심혈관 질환을 일으키는 위험요인으로는 가족력, 흡연, 비만 등이 널리 알려져 있어 개인적 질병이라는 인식이 크다. 그러나 직업적 요인에 의해서도 뇌심혈관 질환이 발생하거나 악화될 수 있다. 화학적 요인으로는 일산화탄소, 일부 유기용제와 납 등의 중금속이 있고, 물리적 요인으로는 고온, 한랭, 소음 및 육체활동과 진동 등이 이에 해당된다. 최근에는 교대근무, 장시간 노동, 업무과부하 및 직무스트레스 등 사회심리적 요인이 직접적인 유해요인보다 더 부각되고 있다.

[그림 3] 교대근무가 심혈관 질환을 일으키는 기전(Mechanism)

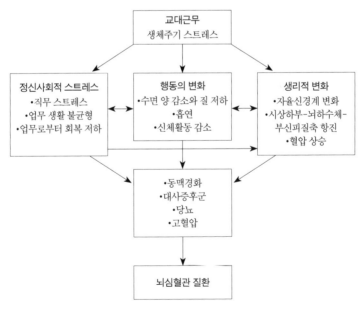

교대근무로 인하여 정상적인 생체리듬이 방해를 받게 되면 이로 인해 교감신경이 활성화되어 혈압을 높이고 호르몬과 다양한 신체과정을 조율하는 시상하부-뇌하수체-부신피질축HPA activity이 항진되는데, 이것이 우리 몸에 생리적인 스트레스가 된다. 건강 행동 측면에서도 수면의 질과 양이 떨어지고, 신체활동(운동)이 감소하거나 잠을 청하기 위해 음주가 증가하는 등 부정적인 행동으로 인한 스트레스도 생긴다. 업무로부터의 회복이 늦어지고 업무-생활 균형이 무너지는 등 정신사회적 스트레스 역시 따르게 된다. 이러한 요인들은 각각 따로 작용하는 것이 아니라 서로 연결되어 복잡한 상호작용을 하며, 이러한 스트레스와 행동학적·생리적 변화로 인해 동맥경화, 대사증후군, 당뇨 등과 같은 질환을 유발하여 결국 뇌심혈관 질환이 발생하게 된다.

교대근무와 뇌심혈관 질환의 관련성에 대한 연구는 오래 전부터 이루어졌다. 2012년 그동안 이루어진 34개의 관련 연구를 종합해서 분석해 보니, 교대근무를 하는 군에서 하지 않는 군에 비해 심근경색은 23%, 관상동맥 질환은 24%가 증가했다. 뇌졸중은 심장 질환보다는 위험도 증가 폭은 작았으나, 교대근무군에서 질병 발생 위험이 5% 높았다.Vyas MV, Garg AX, Vlansavichus A, Costella J, Donner A, Laugsand LE, Janzky I, Mrkobrada M, et al., "Shift work and vascular events: systematic review and meta-analysis", *British Medical Journal*, 2012; 345: e4800.

2) 산재보험상 업무상 질병으로 인정받는 뇌심혈관 질환

우리나라에서 업무상 과로와 스트레스에 의해 발생했다고 판단되는 뇌심혈관 질환은 산업재해보상보험에서 보상을 받고 있다. 이때 업무와의 관련성을 판단하는 기준은 아래와 같이 주로 업무량과 업무 시간을 근거로 한다.

뇌심혈관 질환 업무상 질병 인정 기준[*]

1) 발병 전 24시간 이내에 업무와 관련된 돌발적이고 예측 곤란한 사건의 발생과 급격한 업무 환경의 변화로 뇌혈관 또는 심장혈관의 병변 등이 그 자연경과를 넘어 급격하고 뚜렷하게 악화된 경우
2) 발병 전 1주일 이내의 업무 양이나 시간이 일상 업무보다 30퍼센트 이상 증가되거나 업무 강도·책임 및 업무 환경 등이 유사한 업무를 수행하는 동종의 근로자라도 적응하기 어려운 정도로 바뀐 경우
3) 발병 전 3개월 이상 연속적으로 과중한 육체적·정신적 부담을 발생시켰다고 인정되는 업무적 요인이 객관적으로 확인되는 경우
를 업무와 발병 관련성이 높은 것으로 인정한다.
3)호의 만성적인 과중한 업무는 업무의 양·시간·강도·책임, 휴일·휴가 등 휴무시간, 교대제 및 야간근로 등 근무 형태, 정신적 긴장의 정도, 수면시간, 작업 환경을 종합하여 판단하며,

업무시간에 관하여,
1) 발병 전 12주 동안 업무시간이 1주 평균 60시간(발병 전 4주 동안 1주 평균 64시간)을 초과하는 경우
2) 발병 전 12주 동안 업무시간이 1주 평균 60시간(발병 전 4주 동안 1주 평균 64시간)을 초과하지 않더라도 업무시간이 길어지는 경우나 야간근무(야간근무를 포함하는 교대근무도 해당)의 경우
업무와의 관련성이 높은 것으로 본다.

---

[*] '산업재해보상보험법 시행령 제34조 제3항 별표3'과 '고용노동부고시 제2013-32호'

인정 기준에서 '주당 평균 60시간 근무'를 명시하고 있으나, 그 시간을 절대적인 기준으로 삼고 있지는 않다. 교대근무를 하는 경우에 좀더 취약하여 장시간 근로가 아니더라도 뇌심혈관 질환과의 업무 관련성을 고려하고 있는 것이다.

아래의 인용문은 자동차 공장에서 27년 동안 주야간 교대근무를 하는 노동자에게서 발생한 급성심근경색이 업무상 질병으로 인정받은 사례이다. 근무시간이 '주당 평균 60시간 근무'에 미치지는 않으나, 주야간 교대근무가 인간의 생체리듬에 역행하고 신체에 많은 부담을 주는 근무 형태인 점, 근무시간 중 절반 정도가 야간에 이루어지며 야간근무 중 스스로 업무를 조절한다든가 수면시간을 확보하는 것은 불가능한 점 등에 비추어 업무상 질병으로 인정받은 사례이다.서울행정법원 2014. 6. 27. 선고 2013구단7318 판결.

산재 불승인 판정을 뒤집고 산재 인정

3년간 자동차 부품업체에서 일하다 2013년 공장 식당에서 뇌출혈로 쓰러진 37세 비정규직 노동자 황 모씨. 뇌출혈로 몸 왼쪽이 마비되고 장애 2급 판정을 받았다. 황 씨와 가족은 근로복지공단에 산재요양을 신청했지만, 산재 불승인되었다. 재심사를 청구했지만 이마저도 불승인됐다.

노동조합은 최초 사고 조사 과정에 문제가 있었음을 제기하며 재조사 실시를 요구했다. 재조사 과정에서 노동시간이 주당 평균 60시간에는 미치지 못하나, 12시간 맞교대로 교대근무를 하고 있었고, 야간작업 중 노동강도가 매우 높았다는 점이 확인됐다. 더불어, 작업 환경 중 소음이 심하고, 작업장과 식당 기온 차이가 커 혈관에 스트레스로 작용했을 가능성도 재조사 결과 입증되어 애초의 산재 불승인 판정을 뒤집고 2015년 2월 업무상질병판정위원회에서 산재로 승인되었다.

4. 위장관계 질환

교대근무자들이 가장 흔히 호소하는 건강상의 문제 중 하나는 위장계통의 문제이다. 속쓰림, 소화불량, 더부룩한 느낌 등 위장관계 증상은 일반인에서도 흔하지만 교대근무자들에게 더 많은 편이다. 야간 교대근무자를 대상으로 한 특수건강진단에서도 문진을 통해 위장장애 여부를 평가한 후 의사가 필요하다고 인정하는 경우 위내시경 검사를 실시하고 있다.

이런 위장관계 증상이 만성화되면 질병으로 악화될 수 있다. 공장, 은행, 학교에 근무하는 노동자들 11,657명을 대상으로 X-ray 촬영과 위내시경 검사를 실시한 일본의 한 연구에서는 교대근무 노동자들의 위궤양과 십이지장궤양의 유병률이 낮근무를 한 노동자들에 비해 2배 정도 높았다.Segawa K, Nakazawa S, Tsukamoto Y, Kurita Y, Goto H, et al., "Peptic ulcer is prevalent among shift workers", *Digestive Dissease and Sciences*, 1987; 32(5): 449. 비단 위장관계 질환뿐 아니라 교대근무로 인한 건강 문제들 대다수는 교대근무 종사기간이 길면 길수록 악화되는 경향을 보인다. 이 때문에 전문가들은 업무의 특성상 교대근무를 완전히 없애는 것이 불가능하다면, 한 노동자가 교대근무에 종사하는 기간을 최소한으로 줄여야 한다고 권고하고 있다.

1) 교대근무자에게 위장관계 질환이 많은 이유

교대근무로 인해 식사시간과 횟수가 불규칙해지기 때문에 교대근무자들은 위장관계 증상을 자주 호소하고, 위장관계 질환의 발생률도 높다. 정상적인 식사 대신 간식을 섭취하는 경우가 많고, 식사의 질이 떨어질 수 있다. 또한 야간근무 시에는 짧은 시간에 식사를 해야하는 경우가 많고, 식욕이 저하되며, 자신의 식생활에 대한 만족도도 낮아질 가능성이 높아진다.

한편 하루주기 생체리듬의 파괴도 위장관계 질환의 원인이다. 일상의 수면과 식습관의 주기가 뒤죽박죽되면서 소화기관들이 제때 소화 효소들을 분비하지 못하는 데 원인이 있다. 위산 분비량에 따른 위 내 산성도가 하루주기 리듬을 따르기 때문에, 이 조절이 교란되어 소화가 잘 안 되거나, 정반대로 궤양이 생길 수 있는 것이다. 한 연구에서는 교대근무가 생체 일주기 리듬을 파괴시키고, 이로 인해 내장의 민감도를 증가시켜 통증 및 기능성 위장장애를 일으킨다고 하였다.Nojkov B, Rubenstein JH, Chey WD, Hoogerwerf WA, "The impact of rotating shift work on the prevalence of irritable bowel syndrome in nurses", *American Journal of Gastroenterology*, 2010; 105(4): 842.

교대근무자들에게 위장관계 질환이 많이 발생하는 또 하나의 원인은 헬리코박터 파이로리균(이하 H. pylori균)에 대한 방어기전 약화이다. H. pylori균은 위 점막에 있으면서 염증 반응을 일으켜 급성이나 만성 위염, 십이지장궤양을 일으키는 균으로, 이 균에 감염되면 위암 발생 위험도 증가하는 것으로 알려져 있다. 그런데 H. pylori균 양성인 노동자들을 모아 낮근무자(247명)와 교대근무자(101명)로 나누어 내시경 검사를 해서 그 결과를 보니, 교대근무자군에서 십이지장궤양 발생 위험이 3.9배 이상 증가하는 것으로 나타났다.Pietroiusti A, Forlini A, Magrini A, Galante A, Coppeta L, et al., "Shift work increases the frequency of duodenal ulcer in H pylori infected workers", *Occupational and Environmental Medicine*, 2006; 63(11): 773. H. pylori균에 똑같이 감염되더라도, 교대근무자가 궤양으로 발전이 더 잘 된다는 것이다.

또한 교대근무자들이 비교대근무자들보다 커피나 술을 많이 마시기 때문에 이로 인해 이차적인 영향으로 소화기능이 저하될 가능성도 있다. 야간에 잠을 깨기 위해 커피를 섭취하고, 야간근무 종료 후에는 잠을 자기 위해 퇴근하면서 술을 마시고 잠자리에 드는 경우가 많이 발생하기 때문이다.

5. 암

1) 교대제는 발암물질

2007년, 국제암연구소 IARCInternational Agency for Research on Cancer는 교대제와 그로 인해 생체주기가 파괴되는 현상을 발암성 추정물질 (IARC Group 2A)로 분류하였다. 교대근무는 인간이 수면을 취하고 피로를 풀어야 하는 시간에 노동을 하게 됨으로서 필연적으로 생체리듬의 혼란을 동반하게 된다.

이런 생체리듬의 혼란 중 가장 대표적인 것이 어두울 때나 수면 중에 분비되는 멜라토닌이라는 호르몬의 분비가 야간노동을 하는 경우 감소하는 것이다. 여러 동물 실험들로 이 멜라토닌이 항암작용을 하는 것으로 밝혀졌다. 예를 들어, 생쥐에게 지속적으로 인위적인 빛을 노출시켰을 때 멜라토닌 농도가 낮아지고, 암 발생이 높아졌다. 이 멜라토닌의 교란이 교대근무가 암을 일으킬 수 있는 가장 유력한 발병 기전으로 생각되고 있다. 또 멜라토닌은 에스트로겐을 생성하는 스테로이드 호르몬 분비에도 혼란을 초래하는 것으로 알려져 여러 암종 가운데서도 특히 유방암 발생 위험을 증가시킨다는 연구도 있다. 그 외에 야간근무로 인한 수면박탈은 시상하부-뇌하수체 호르몬 분비양상을 비정상적으로 변형시켜서 암세포의 발생을 증가시키는 것으로 추정되기도 한다.

2) 야간근무와 유방암

지난 2013년, 보건의료노조가 전남대병원에서 일하는 간호사 등의 유방암 발생에 대해 근로복지공단에 산업재해 요양신청을 하였다. 노조에 따르면 2002년부터 2013년 상반기까지 전남대병원에서 일하는 여성노동자 12명이 유방암에 걸렸으며 특히 이 중 9명은 전직 또는 현직 간호사였다. 전남대병원의 경우 30대 전체 간호사 503명 중 3명(0.60%)이 유방암에 걸려 30대 한국여성 평균보다 3.3배 높았고, 50대의 경우 70명의 간호사 중 3명(4.29%)이 유방암 진단을 받아 50대 한국여성 평균보다 3.8배 높은 발병률을 보였다. 노동조합은 간호사들의 야간 교대근무를 유방암 발생 원인으로 지목했다.전 아름, 「전남대병원 노동자 1년에 한 명꼴로 유방암 발병」, 『오마이뉴스』, 2013. 11. 13. http://www.ohmynews.com/NWS_Web/View/at_pg.aspx?CNTN_CD=A0001928745(2015. 9. 1. 검색) 그러나 근무기간이 짧다는 이유로 이들 간호사 중 누구도 산업재해로 인정받지는 못했다. 유방암을 야간노동에 의한 직업병으로 인정하고 있는 유일한 국가인 덴마크에서도 25년 이상 야간노동을 한 경우에만 인정하고 있다는 사실이 이런 결정에 영향을 미쳤던 것이다. 산재 인정을 받지는 못했으나 이 사건을 계기로 야간노동과 유방암의 관련성에 대한 사회적 관심이 높아졌다.

유방세포는 여성호르몬인 에스트로겐의 자극에 의하여 증식·분화하기 때문에 에스트로겐에 노출되는 기간이 길수록(초경이 빠르거나 폐경이 늦을수록) 유방암 발생이 증가하는 것으로 알려져 있다. 그 외에 빈도는 낮지만, 유전적 요인으로 BRCA1, BRCA2 유전자의 변이도 유방암 발생에 영향을 미친다. 또 유방암 발생에는 환경 요인이 매우 많이 관여하는 것으로 알려져 있는데, 고지방·고칼로리의 식이, 젊은 나이의 음주, 비만, 출산연령의 지연 등이 유방암의 위험을 높이는 중요한 원인으로 지목되고 있다. 교대근무는 앞서 서술한 대로 생체리듬을 혼란하게 만들어 항암작용을 하는 멜라토닌 분비를 교란시키고 여성호르몬에도 영향을 미쳐 유방암을 발생시키는 것으로 설명한다.

3) 교대근무자에서 유방암은 얼마나 증가되나?

실제로 다양한 인구집단 대상 연구에서 야간 교대근무와 유방암과의 관련성이 밝혀져 있다. 국제암연구소에서 교대근무가 발암성이 있다고 발표한 이후, 여러 연구를 모아서 종합적으로 평가하는 분석논문만 해도 2013년에 4편이나 발간되었는데, 대부분 교대근무와 유방암 사이에 관련성이 있는 것으로 확인되었다. 야간 교대근무를 5~8년 이상 한 경우 유방암 위험이 4~5% 증가하는 것으로 나타났으며, 15년 이상 근무한 경우 유방암 위험이 15%가량 증가했다.[*] 야간 교대근무를 지속적으로 하는 경우 5년마다 9%씩 유방암 위험도가 증가하는 것으로 나타난 연구도 있다.[**]

이런 근거를 기반으로 덴마크에서는 2009년 처음으로 보상을 신청한 78건의 유방암 중 38건을 인정하였다. 이후 일주일에 1일 이상의 야간작업이 포함된 교대근무에 20년 이상 종사하였을 경우 발생한 유방암은 직업병으로 인정한다는 지침을 마련하여 적용해 왔고, 2013년부터는 기준을 높여 교대근무 종사기간이 25년 이상일 때 유방암을 직업병으로 인정하고 있다. 우리나라에서도 교대근무자의 유방암에 대한 업무상 질병 판단 지침에 대해 논의가 진행 중이다. 이미 2012년 5년간 교대근무를 했던 한 반도체 공장 노동자의 유방암이 업무상 질병으로 인정되었다. 당시 해당 노동자의 교대근무 기간은 비교적 짧은 편이었으나, 유기용제와 방사선 등 복합 노출이 있었을 개연성이 높아 업무관련성이 인정되었다.

[*] Jia, Yijun, Yunshu Lu, Kejin Wu, Qing Lin, Wei Shen, Mingjie Zhu, Shuo Huang, and Jian Chen, "Does Night Work Increase the Risk of Breast Cancer? A Systematic Review and Meta-Analysis of Epidemiological Studies", *Cancer Epidemiology,* 2013; 37(3): 197.
Kamdar BB, Tergas AI, Mateen FJ, Bhayani NH, Oh J. "Night-Shift Work and Risk of Breast Cancer: A Systematic Review and Meta-Analysis", *Breast Cancer Research and Treatment,* 2013; 38(1): 291.
Ijaz, Sharea, Jos Verbeek, Andreas Seidler, Marja-Liisa Lindbohm, Anneli Ojajarvi, Nicola Orsini, Giovanni Costa, and Kaisa Neuvonen. "Night-Shift Work and Breast Cancer: a Systematic Review and Meta-Analysis", *Scandinavian Journal of Work, Environment & Health,* 2013; 39(5): 431.
[**] Wang, F, KL Yeung, WC Chan, CCH Kwok, SL Leung, C Wu, EYY Chan, et al., "A Meta-Analysis on Dose: Response Relationship between Night Shift Work and the Risk of Breast Cancer", *Annals of Oncology,* 2013; 24(11): 2724.

4) 다른 암과 교대근무 관련성에 대한 관심

최근에는 교대근무가 전립선암, 대장직장암, 자궁내막암 등 다른 암에도 영향을 미치는 것이 아닌가 하는 의문이 제기되고, 아직 그 수가 적긴 하지만 이를 규명하기 위한 연구도 지속적으로 발표되고 있다. 특히 전립선암 역시 호르몬과의 관련성 때문에 관심이 높은데, 스칸디나비아 지역 5개 국가의 비행기 조종사를 대상으로 한 연구에서 시간 변경선을 건너는 장거리 비행을 많이 할수록 전립선암 위험이 증가하는 것으로 나타났다. 교대근무 역시 장거리 비행과 같이 생체리듬을 교란시키므로 비슷한 영향을 가져올 수 있다. 일본에서 일반 노동자 14,000명을 대상으로 10여 년간 추적 연구한 결과 주간근무자에 비해 고정 야간근무자나 교대근무자에게서 전립선암 발생 위험이 2~3배 증가하는 것으로 나타났다. 교대근무가 유방암 이외의 암에도 영향을 미치는지에 대해 지속적인 관심이 필요하다.[IARC, *IARC monographs*, Volume 98, 2010, pp.592~631.]

장시간 야간노동과 방사선 노출, 유방암 산재 인정

노동자 김 모 씨는 19세 때인 1995년 5월 한 반도체 공장에 생산직으로 입사한 뒤 2000년 퇴사 전까지 4년 9개월간 일했다. 김씨는 3교대 근무를 하며 야간노동에 시달렸다. 하루 최장 12시간의 노동이었다. 그는 근무하면서 방사선 및 유기용제 등에 복합적으로 노출됐다.

회사를 그만둔 김씨는 남편과 함께 가게를 운영하며 새로운 인생을 시작했으나, 퇴사 9년 뒤 33세의 젊은 나이에 유방암 3기라는 진단을 받았다.

결국 김씨가 오랜 투병 끝에 사망한 뒤인 2012년 근로복지공단은 유기용제와 방사선 노출이 인정되며 특히 어린 나이에 노출되어 암 발생의 위험이 높았다는 점과 교대근무가 유방암 발병률을 높일 수 있다는 점을 감안하여 김씨의 유방암을 산업재해로 인정했다.

6. 정신건강

교대근무는 신체건강뿐만 아니라 정신건강에도 다양하게 영향을 미친다. 교대근무자들이 겪는 가장 흔한 건강 문제는 수면장애인데, 수면장애가 기분장애를 악화시킬 수 있다. 또한 교대근무, 특히 야간작업을 하는 경우에 낮에 일하고 밤에 잠을 자는 일반적인 패턴과 배치되는 생활을 하기 때문에 정상적인 사회생활을 하기가 쉽지 않다. 친구를 만나는 것은 물론 가장 가까운 가족들과도 시간을 함께 보내기가 어렵다. 따라서, 주간근무자에 비해 사회적 관계를 유지하기가 어려워 사회적 지지가 약화되는 결과를 초래하며, 이러한 경우 기분장애를 겪을 위험이 높아진다. 뿐만 아니라 교대근무자는 대부분 업무강도가 높고 자신의 뜻대로 업무를 통제할 수 있는 자율성도 떨어지므로 직무스트레스 수준이 높다. 또 교대근무로 인해 정상적인 생체리듬이 깨지게 되면 내분비계 교란으로 각종 호르몬의 정상적인 분비를 방해할 수 있다. 이러한 여러 경로를 통해 정신건강에 영향을 미치는 것으로 파악하고 있다.

1) 교대근무와 정신건강의 관련성

여러 연구가 교대근무 또는 야간작업과 우울 증상 간에 연관성이 있다고 보고하고 있으며, 특히 여성의 경우 교대근무 기간이 길수록 연관성이 더 큰 것으로 나타난다.

영국에서 성별 및 교대근무 기간에 따라 정신건강 수준 및 우울·불안 증상 정도를 분석한 연구Bara AC, Sara A, "Working Shifts and Mental Health—Findings from the British Household Panel Survey (1995~2005)", *Scandinavian Journal of Work, Environment & Health*, 2009; 35(5): 361.에서는, 교대근무를 하지 않은 집단에 비해 특히, 교대근무 기간이 4~10년인 집단의 정신건강 수준이 더 낮았고, 불안 및 우울 증상을 경험할 가능성도 높은 것으로 나타났다. 이 연구에서는 야간근무를 주로 하는 교대근무 형태와, 교대시간이 일정하지 않은 불규칙한 교대근무 형태를 나누어 분석하였는데, 특히 남성들은 야간근무의 영향을, 여성들은 불규칙한 교대근무의 영향을 더욱 많이 받는 것으로 나타났다. 여성들은 직장뿐 아니라 가정에서도 가사와 육아 노동 요구가 높기 때문에 남성들보다 더 일정하고 예측 가능한 시간표가 필요하다. 이 때문에 불규칙한 교대근무의 영향이 더 크게 나타난 것으로 보인다.

한편, 대만에서 여성 간호사들을 대상으로 수면의 질과 정신건강 수준에 대한 교대근무 스케줄의 영향을 조사한 연구Lin PC, Chen CH, Pan SM, Pan CH, Chen CJ, Chen YM, Hung HC, Wu MT, "Atypical Work Schedules Are Associated with Poor Sleep Quality and Mental Health in Taiwan Female Nurses", *International Archives of Occupational and Environmental Health*, 2012; 85(8): 877.에서도, 교대근무를 하는 여성 간호사들의 수면의 질과 정신건강 수준이 더 낮은 것으로 나타났다. 대신 야간근무 후 2일 이상의 휴일(오

프)이 있었던 경우 수면의 질과 정신건강 수준이 향상되는 결과를 보였다.

　교대근무는 이렇게 건강한 사람의 건강 수준을 악화시키고, 우울감, 불안감과 같은 증상을 일으키는 데 그치지 않고, 우울증이나 불안장애와 같은 정신질환을 유발하는 원인이 되기도 한다. 우울 증상 및 우울증과 교대근무의 연관성을 분석한 네덜란드 연구(Maastricht cohort study)Driesen K, Jansesn NWH, van Amelsvoort LGPM, Kant I, "The mutual relationship between shift work and depressive complaints: a prospective cohort study", *Scandinavian Journal of Work, Environment & Health*, 2011; 37(5): 402.에서는, 과거에 교대근무를 하였거나 현재 교대근무를 하고 있는 사람들은 교대근무를 한 적이 없는 사람들에 비해 우울 증상을 겪을 가능성이 남성에서는 1.39배, 여성에서는 1.69배로 높았고, 증상을 넘어 질병인 '우울증'을 겪을 위험은 그보다 더 높아서 남성에서 1.79배, 여성에서는 1.70배 높은 것으로 나타났다. 교대근무로 인한 수면 부족과 사회생활 지장 등의 이유로 교대근무자가 기존에 갖고 있던 정신증상이나 질환이 악화될 위험도 커진다.

　한국노동안전보건연구소에서 서울시 도시철도공사 노동자들을 대상으로 노동조건과 건강실태에 대한 조사연구한국노동안전보건연구소(준)·인제대학교 보건안전공학과, 『도시철도 노동자들의 노동조건과 건강실태 및 작업환경가 조사연구보고서』, 2003, 60쪽.를 시행하였는데, 해외의 연구들과 유사한 결과를 보였다. 통상 일근자들에 비해 3조 2교대근무자들의 스트레스 증상 위험(사회심리적 스트레스Psychosocial Wellbeing Index) 수준이 1.5~2.25배 더 높은 것으로 나타났다. 한편, 일부 공공부문 근로자의 근무시간 실태와 우울 증상의 관련성에 대하여 조사한 국내 연구허

현택·김동원 외, 「공공부문 근로자의 근무시간 실태와 우울 증상의 관련성」, 『대한직업환경의학회지』 제24권 제4호, 2012.에서는 월 1회 이상 야간근무를 하는 경우, 야간근무를 월 1회 미만으로 하는 경우에 비해 우울 증상 고위험군의 비율이 약 2배 높은 것으로 나타났다(16.1%와 8.5%).

2) 정신장애 직업병 인정

교대근무와 야간노동이 수면건강 및 정신건강에 부정적인 영향을 미친다는 것이 널리 알려지면서, 최근 교대근무로 인한 수면장애와 정신장애가 업무상 질병으로 인정받기도 했다. 산업재해보상보험법 시행령에서 제시하고 있는 업무상 질병의 인정 기준에는 교대근무에 의한 정신질환과 관련된 구체적인 내용이 없으나, 교대근무에 의한 수면장애 및 불안장애가 업무상 재해로 인정된 것이다. 교대근무자의 모든 정신건강 문제가 교대근무로 인한 것은 아니지만, 앞에서 본 것처럼 둘 간에는 관련성이 높고, 이 판결은 그러한 관련성을 처음으로 인정했다는 점에서 의의가 있다. 향후 교대근무로 인한 직업성 정신질환에 관한 인식 확대는 물론, 이와 관련한 업무관련성 판단에 있어서도 더욱 적극적인 해석이 필요하리라 생각된다.

11년간 교대근무, 불면증과 불안장애 산재 인정

노동자 A씨는 1997년 자동차 조립 공장에 취직한 이후, 보통 2시간 정도의 잔업을 포함하여 하루 10시간씩 작업을 해왔다. A씨는 1주일 단위로 교대하는 주간 및 야간 2교대로 일하면서 수면을 취하기가 어려웠다. A씨는 결국 2008년경부터 불면증, 불안장애 등의 질병을 진단받은 뒤, 교대근무에 의해 수면장애 및 불안장애가 발생하였다고 생각하고 2009년 근로복지공단에 불면증 및 불안장애에 대해 산업재해보상보험 요양급여 신청을 하였으나 불승인되었다. 이후 대법원까지 진행된 법정 소송 결과, 최종적으로 2013년 7월, 야간 교대근무를 해온 A씨의 수면장애 및 불안장애가 업무상 질병으로 인정받았다.

7. 교대근무와 안전

교대근무로 인한 수면 박탈은 업무수행 능력과 각성도의 저하로 이어져 안전에 심각한 위협을 줄 수 있다. 1986년 체르노빌 핵발전소에서 원자로가 폭발하여 사고 당시 31명이 죽고 피폭 등의 원인으로 그후 5년 동안 7천 명이 사망하였는데, 이 사고가 발생한 시각은 새벽 1시 25분이었다. 또 유조선이 좌초하면서 4만 2천 톤이나 되는 원유가 바다로 유출되어 50만 마리의 바닷새와 수백 마리의 바다표범이 몰살된 최악의 환경 재난 엑손 발데스 호 사건은 자정 직후 발생했다. 그리고 인도에서 미국계 다국적 화학회사인 유니언 카바이드의 농약 공장에서 유독 가스가 누출되어 3천여 명의 주민이 사망한 보팔 사건 역시 0시 57분에 발생했다.

밤에 일해 본 사람, 억지로 깨어 있으려 노력해 본 사람은 누구나 쉽게 공감할 것이다. 야간근무 중 각성도가 떨어지는 것은 깨어 있고자 하는 본인의 의지로 극복할 수 없는 생물학적 현상이다. 그렇기에 일부 국가에서는 야간근무 중 필수 수면시간을 규정하고 있다.

1) 야간근무 때 증가하는 안전사고

미국에서 만 명이 넘는 사람들을 15년간 지속적으로 관찰해 보니 직업, 산업, 지역을 불문하고 낮근무자에 비해 저녁이나 야간근무자는 사고 위험이 30% 증가하였다. 고정적으로 저녁근무를 하는 경우, 고정적으로 야간근무를 하는 경우, 순환 교대근무를 하는 경우에서 모두 같은 결과를 보였다.Dembe AE, Erickson JB, Delbos RG, Banks SM, "Nonstandard shift schedules and the risk of job-related injuries", *Scandinavian Journal of Work, Environment & Health*, 2006; 32(3): 232.

뉴질랜드에서 15,000명을 조사했을 때에는 낮근무만 하는 사람에 비해 밤근무만 하는 사람은 40%가량, 밤근무를 포함해서 순환 교대근무를 하는 경우에는 90%가량 사고 위험이 증가했다.Fransen M, Wilsmore B, Winstanley J, Woodward M, Grunstein R, Ameratunga S, Norton R, "Shift work and work injury in the New Zealand Blood Donors' Health Study", *Occupational and Environmental Medicine*, 2006; 63(5): 352. 간혹 낮근무와 밤근무 사이에 사고 발생률이 큰 차이가 없다는 연구들조차 좀더 큰 사고, 심각한 사고는 밤근무 때 뚜렷이 증가한다고 보고하고 있다. 사정이 이렇다 보니 남성노동자의 산재사고 중 8.2%, 여성노동자의 산재사고 중 14.4%는 교대근무 때문인 것으로 추정된다.Wong IS, McLeod CB, Demers PA, "Shift work trends and risk of work injury among Canadian workers", *Scandinavian Journal of Work, Environment & Health*, 2011; 37(1): 54.

우리나라에서도 2013년 철강 노동자를 대상으로 실제 사고는 아니었지만 사고가 날 뻔했던 경험인 아차사고나 사고로 실제 다친 경험의 횟수를 물어보았다. 교대근무자들이 주간고정 근무자들에 비해 2배 정도 경험한 횟수가 많다고 응답하여 교대근무자들이 뚜

렷하게 사고위험을 더 많이 겪고 있는 것으로 나타났다.전국금속노동조
합·한국노동안전보건연구소,『철강업종 노동자의 교대제 및 건강 영향 실태조사 연구보고서』,
2013, 66쪽.

2) 장시간 노동과 부족한 휴식으로 사고 위험은 더 높아져

장시간 일하는 경우는 교대근무와 별도로 사고 발생 위험을 높인다.
여러 연구에서 하루 8시간 이상 일하는 경우 8시간 근무하는 사람
보다 사고 위험이 50% 정도 높고, 하루 12시간 이상 초장시간으로
일하는 경우에는 사고 위험이 2배나 된다. 우리나라에서는 교대근
무 노동자들이 보통 잔업과 연장근무를 동반하고 있어 야간근무의
부담에 더해 장시간 노동의 위험도 지게 된다.Wagstaff AS, Sigstad Lie JA,
"Shift and night work and long working hours: a systematic review of safety implications",
Scandinavian Journal of Work, Environment & Health, 2011; 37(3): 173.

　　부족한 휴식시간이 사고에 미치는 영향 또한 매우 커서, 마지막
휴식시간으로부터 30분 이내 사고가 발생할 위험을 기준으로 했을
때, 30분에서 1시간 사이에는 사고 위험이 1.3배, 1시간에서 1시간
반 사이에는 1.7배, 마지막으로 쉬고 난 뒤 1시간 30분에서 2시간이
지난 사이에는 사고 위험이 2배로 높아져, 쉬지 않고 연달아 일하는
시간이 길어질수록 사고 위험이 높아졌다. 적절한 휴식이 사고 위험
을 낮출 수 있다는 얘기이다.Tucker P, Folkard S, Macdonald I, "Rest breaks and
accident risk", *Lancet*, 2003; 361(9358): 680.

　　또한 연속적인 야간근무는 피로도를 증가시켜, 야간근무를 연
달아 하는 경우 첫날에 비해 피로도가 이틀째 되는 날에 6%, 사흘

째 되는 날에 17%, 나흘째 되는 날에는 36% 증가하는 것으로 나타났다.Folkard S, Tucker P, "Shift work, safety and productivity", *Occupational Medicine*, 2003; 53: 95.

8. 교대근무 영향에 취약한 노동자들

앞서 살펴본 것처럼 교대근무를 하는 노동자는 소화기 증상이나 수면 문제로부터 심혈관계 질환, 손상, 정신건강 악화, 암 발병 등 건강에 부정적인 영향을 받는다. 그런데 이런 교대근무의 영향에 좀더 민감하거나 취약한 노동자들이 있다. 물론 교대근무로부터 직접적인 건강 영향을 덜 받는 노동자의 경우에도 가족이나 친구 등 사회적 관계에도 부정적인 영향을 미칠 수 있으며, 이런 교대근무의 나쁜 영향으로부터 완전히 자유로운 노동자는 없다. 그럼에도 교대근무의 영향에 더 취약한 노동자들을 따로 언급하는 것은 이들을 효과적으로 보호하기 위한 방안을 모색하기 위해서다. 다만, 교대근무의 영향에 더 취약하게 되는 특성에 대해 아직 연구가 많이 부족하고 특히 긴 시간에 걸친 추적조사가 많지 않다는 점은 주의깊게 고려해야 한다.Saksvik IB, Bjorvatn B, Hetland H, Sandal GM, Pallesen S, "Individual differences in tolerance to shift work: A systematic review", *Sleep Medicine Reviews*, 2011; 15(4): 221.

1) 고령 노동자

다수의 연구에서 중장년층 노동자들이 교대근무를 견디기가 더 어려운 것으로 알려져 있다. 특히 주관적인 졸림, 수행력, 수면 문제, 야간근무 후 회복 등에서 젊은 노동자들이 고령 노동자보다 유리했다. 교대근무에 대한 내성이 감소하는 나이는 연구에 따라 차이가 있지만 대략 40~50세 사이로 생각되고 있다. 이런 이유로 일부 회사에서는 단체협약 등을 통해 40세 혹은 45세 이상 노동자를 주간근무조로 배치하기도 한다. 반면, 주로 고령 노동자로 이루어진 경비 노동자의 경우 24시간 맞교대가 흔하다. 그런데 이런 교대제는 신체에 부담이 더 큰 나쁜 형태의 교대근무로 알려져 있어, 심각성이 크다. 임금의 현실화를 동반한 교대제 개선이 필요하다.

2) 여성

교대근무로 인한 소화기 증상이나 수면 증상은 남녀간에 큰 차이가 없었다. 그러나 근무 중 졸림, 직장생활 만족도 등에서는 여성이 더 큰 영향을 받는 것으로 알려져 있다. 또, 생리주기나 임신결과와 같이 호르몬이나 일주기와 관련이 높은 여성의 생리활동이 교대근무의 영향을 받아 교란될 수 있고, 교대근무자에게서 여성 유방암의 위험이 높다는 점은 주목해야 한다. 뿐만 아니라, 가사노동과 양육을 대부분 여성이 책임져야 하는 우리 사회에서는 교대근무를 하는 여성이 남성보다 일-가정 갈등 압박에 더 시달릴 수 있다.

3) 임산부

근로기준법에서 임산부의 경우 야간노동이 금지되어 있으나 본인이 명시적으로 원하는 경우에는 야간근무를 할 수도 있다. 여러 연구를 종합·분석했을 때 교대근무를 하는 경우 임신 중 고혈압이나 저체중아 출산 위험이 높아지며, 조산 위험도 26%가량 증가되는 것으로 밝혀지기도 했다. 이들 연구에서는 교대근무 여부만을 가지고 비교했기 때문에, 더 나쁜 교대제 형태나 장시간 노동을 같이 수행하는 경우는 이보다 더 큰 악영향을 줄 수도 있다. 안전보건공단 역학조사에서 제주의료원 간호사들의 자연유산이 업무와 관련이 있다고 밝혀지기도 했는데, 약품 분진 노출, 스트레스와 함께 임신 초기 3교대 근무도 원인 중 하나로 지목되었다.산업안전보건연구원, 『직업병 진단사례집 (2013, 2014년도)』, 2015, 132~139쪽.

4) 아침형 인간

생물학적 리듬은 실제의 시계처럼 모든 사람에게 똑같이 작용하지는 않는다. 내재된 생물학적 리듬에 따른 행동의 양상도 사람마다 약간씩 차이를 보이는데, 늦게 잠들어서 늦게 깨어나는 사람이 있고, 일찍 잠들고 일찍 깨어나는 게 잘 맞는 사람이 있다. 많은 사람이 중간쯤에 있지만 전자의 경우 저녁형, 후자의 경우 아침형으로 분류한다. 아침형 성향이 강한 노동자는 수면, 수행력, 만족도, 주의력이 모두 저녁형 성향이 강한 사람보다 야간근무에 적응하기 힘든 것으로 알려져 있다. 개인의 특징이나 성향에 따라서도 야간노동이 더 힘들수 있다는 것이다.

5) 기존 질환자

교대근무는 생체주기 부조화, 사회적 시간 교란, 식습관, 흡연 등의 행동양식 변화 등 다양한 경로를 통해 기존 질환을 악화시킬 수 있다. 특히 교대근무가 직접적인 영향을 미치는 만성 수면장애, 심각한 소화기 질환, 허혈성 심장 질환과 조절되지 않는 당뇨나 고혈압 등을 앓는 경우는 야간근무를 포함한 교대근무를 피하는 것이 좋다. 이 밖에도 천식, 갑상선 질환, 간질, 만성적 불안장애 및 우울장애, 만성 신부전, 악성 종양이 있는 노동자도 질환이 악화될 수 있다. 그러나 이러한 건강 문제에는 여러 개인적·사회적 요인들이 영향을 미치므로 야간작업을 못하게 하는 것 자체로 노동자의 건강이 자동적으로 좋아지거나 완전히 좋아지는 것은 아니라는 점을 기억해야 한다.

9. 교대제 변경 이후 노동자의 건강 변화

지금까지 교대노동이 건강에 얼마나 다양하고 큰 영향을 미치는지에 대해 알아보았다. 많은 연구들이 교대노동을 하는 노동자와 그렇지 않은 노동자에서 건강 문제를 비교함으로써 교대노동이 건강에 미치는 영향을 검토했다. 교대노동과 건강 문제의 관련성을 확인하는 또 다른 방법은 교대노동을 하던 노동자 집단에서 교대노동을 없애거나 줄인 후에 건강상태가 호전되는가를 관찰하는 것이다. 이런 경우 실험하듯이 변화를 확인할 수 있어 인과관계를 더 확실히 알 수 있다.

우리나라에서 최근 몇 년간 자동차 또는 자동차 부품 제조회사들 사이에서 '주야맞교대'를 대신하여 '주간연속2교대'가 도입되었다. 이는 야간노동 단축의 효과를 관찰하기에 좋은 기회가 되었다. 과거 주야맞교대 시절에는 노동자가 2개조로 나뉘어 낮과 밤에 각각 10~12시간씩 일하며 공장을 24시간 운영하였지만 주간연속2교대제에서는 하루 노동시간을 조금 줄여 심야에는 일을 쉬고 2개조의 근무가 모두 아침부터 밤 사이에 끝나게 된다. 따라서 밤샘노동이 없어지고 야간노동이 줄어들었다. 이런 노동시간과 야간노동의 단축이 노동자의 건강상태에 어떤 효과를 미쳤는지 파악하고자 시행되었던 국내 연구를 몇 사례 소개하고자 한다.

1) △△정공의 건강 변화*

△△정공은 자동차의 엔진펌프를 만드는 회사이다. 주간근무만 하는 노동자도 있지만 교대근무를 하는 경우 주간조는 8시 30분부터 오후 5시 30분까지 8시간 근무에 잔업 2시간을 더하여 10시간, 야간조의 경우 오후 7시 30분부터 다음날 4시 30분까지 8시간 근무에 역시 잔업 2시간을 더하여 10시간을 근무하는 이른바 '10+10' 체제였다. 오랜 준비 끝에 '노동시간 연장 없는, 노동강도 강화 없는, 임금 저하 없는' 3무 정책의 주간연속2교대제에 노사가 합의하여, 2010년 하반기부터 시행 중이다. 새로 도입된 주간연속2교대에서 오전조는 오전 8시부터 오후 4시까지 8시간을 근무하고, 오후조는 간격 없이

---

* 이혜은 외, 「자동차 부품 제조업체의 주간연속2교대제 도입과 노동자 건강 변화」, 『2014년도 제53차 대한직업환경의학회 가을학술대회』, 80쪽.

오후 4시부터 자정까지 8시간을 근무하는 '8+8' 체제로 일하고 있다. 따라서 너무 일찍 출근하거나 너무 늦게 퇴근하지 않는 것이 가능하고 오전조와 오후조의 간격을 없애 잔업이 불가능하도록 하면서 실질적인 노동시간 단축을 이루었다. 또한 무엇보다 밤샘노동은 더 이상 없고 야간노동이 최소화된 효과를 가져왔다.

주간연속2교대제가 도입된 후 약 2년이 지난 시점에 주야맞교대 시기에 조사되었던 건강에 대한 여러 항목에 대해 다시 설문조사가 이루어졌다. 밤샘노동 폐지와 노동시간 단축 2년 만에 얼마나 건강이 개선되었는가를 확인하기 위해서였다.

①수면건강

주간연속2교대제 도입 후 가장 뚜렷한 변화를 보인 부분은 수면건강이었다. 교대근무자의 야간근무 시 수면시간이 평균 30분가량 증가하였고, 교대근무자의 야간근무 시 수면의 질이 나쁜 편이라고 응답한 경우는 72.5%에서 39.7%로 거의 절반 수준으로 감소하였다. 주간근무자의 경우에도 수면의 질이 좋은 편이라는 응답이 20%에서 32.6%로 증가했다. 주간근무자의 경우에도 노동시간 단축이 수면의 질에 좋은 영향을 미친 것으로 보이지만, 특히 교대근무자의 수면건강 향상에 주간연속2교대제의 시행이 큰 영향을 미친 것으로 판단할 수 있다.

②근골격계 증상

근골격계 증상을 호소한 경우는 전체적으로 73.5%에서 82.5%로 증가하였는데, 가장 중요한 원인은 조사 대상자들의 연령이 평균 44.8

[그림 4] 교대제별 주간연속2교대 도입 전후 수면의 질 변화

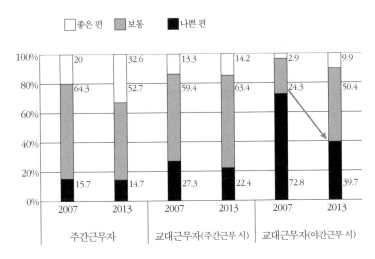

[그림 5] 교대제별 2010년과 2013년 사이 근골격계 유증상자 증감

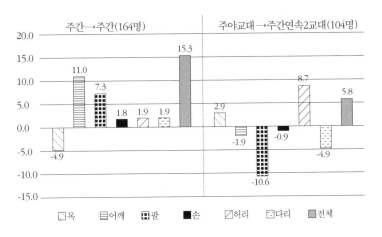

세에서 47.8세로 3세가량 증가했기 때문이라고 생각된다. 그러나 교대근무를 하는 노동자 중에서는 증상 호소율이 5.8% 증가했고, 주간 근무군에서는 15.3% 증가하여 증가폭에 차이가 컸다. 교대근무군에서는 특히, 업무와 연관성이 큰 어깨·팔·손 등의 상지부위 증상은 오히려 감소한 결과를 보였다. 이는 주간연속2교대제를 통한 심야노동의 단축이 근골격계 증상의 완화에도 큰 영향을 미친 것으로 보인다.

③뇌심혈관계 질환 관련 검진 결과

2009년과 2012년 건강진단 결과를 이용하여 심혈관계 질환 관련 지표를 분석해 보니, 전반적인 항목에서 악화소견을 보였다. 역시 이는 조사대상들의 고령화가 중요한 원인으로 추정된다.

심혈관계 질환의 위험요인들(복부비만, 중성지방, 콜레스테롤, 고혈압, 당뇨)의 조합으로 이루어진 대사증후군에 해당하는 사람이 주간근무자의 경우 8.2%에서 13.8%로 증가한 것에 비해 교대근무자의 경우 5.9%에서 7.1%로 소폭 증가했다. 결과적으로 뇌심혈관계 관련 건강상태는 더 나빠지긴 했으나 주간근무자에 비해 교대근무자는 덜 나빠졌다. 이러한 결과는 조사대상자들의 고령화를 고려하였을 때 심야노동 단축의 효과가 심혈관계 질환 관련 지표에도 좋은 영향을 미친 것으로 판단된다. 노동시간이 줄어들어 여가시간이 늘어나고, 이로 인해 건강행동이 개선됐을 뿐 아니라, 생체리듬 교란이 최소화된 효과로 추정할 수 있다.

2) ○○자동차의 수면건강과 스트레스 반응*

○○자동차 제조회사에서도 주야맞교대를 대신하여 주간연속2교대제를 도입하였다. 주야맞교대의 경우 주간조는 오전 8시~오후 6시 50분, 야간조는 오후 9시~ 다음날 오전 8시까지 근무하면서 잔업을 포함하여 평균 10시간 근무를 하였다. 새로 도입된 주간연속2교대제에서는 오전조가 오전 7시~오후 3시 40분, 오후조가 3시 40분~새벽1시 30분까지 근무를 하여 평균 8.5시간 근무하였고, 생산량을 맞추기 위해 생산속도를 10% 증가시켰다.

교대제가 변화된 노동자들을 대상으로 교대제 변경 한 달 전과 변경 후 6개월의 시점에서 수면건강과 스트레스 반응을 측정하였다.

[그림 6] 교대제 변경 후 스트레스 반응의 변화

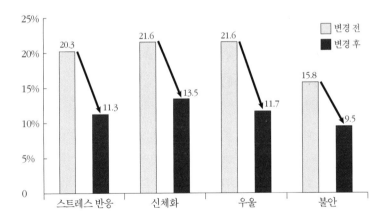

* 송한수 외, 「밤샘근무의 폐지가 불면증과 스트레스 반응에 미치는 영향」, 『2013년도 제 51차 대한직업환경의학회 가을학술대회』, 663쪽.

수면건강은 △△정공과 마찬가지로 크게 개선된 결과를 보였는데 야간근무 시의 불면증 비율이 50.5%에서 23.9%로 절반 수준으로 줄었다. 스트레스 반응의 경우 고위험군의 비율이 20.3%에서 11.3%로 크게 감소하였다. 스트레스 반응은 신체화(정신적인 문제가 다양한 신체증상으로 나타나는 것), 우울, 불안의 3가지 영역으로 나누어 측정하였고 각각의 영역에서 스트레스 반응은 모두 비슷한 수준으로 감소하는 것이 관찰되었다.

3) □□자동차의 신체활동량*

□□자동차 제조회사도 ○○자동차와 비슷한 형태로 주간연속2교대제가 도입되었다. 주야맞교대의 경우 각각 잔업 2시간을 포함하여 주간조는 오전 8시~오후 7시, 야간조는 7시~다음날 오전 6시까지 근무하고 있었다. 주간연속2교대제에서는 오전조가 오전 7시~오후 3시 40분, 오후조가 오후 3시40분~새벽 1시 50분(잔업 1시간 20분 포함)으로 근무시간이 정해졌다.

이 사업장에서는 주야맞교대 기간과 주간연속2교대 기간 중 각각 2주 동안 생활일지를 작성하고 신체활동과 혈압을 측정하였다. 측정 결과 2교대의 주간조 때 533.3kcal에서 주간연속2교대의 오전조 때 545.3kcal로, 야간조 때 497.2kcal가 오후조 때 520.6kcal로 교대제 변경 이후 칼로리 소모량 즉, 신체활동량이 늘어난 것을 관찰하

---

* 최민 외, 「자동차 제조업체의 주간연속2교대제 도입과 수면 및 신체활동량 변화」, 『2014년도 제53차 대한직업환경의학회 가을학술대회』, 78쪽.

[그림 7] 교대조에 따른 시간당 칼로리 소모량

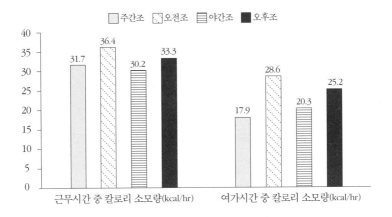

였다. 이러한 신체활동량의 증가는 주로 근무시간 중이 아니라 여가
시간 중에 늘어난 것으로 파악되었는데 근무시간은 줄고 여가시간
은 늘어났기 때문에 당연한 결과일 수도 있다.

　그래서 근무시간과 여가시간 동안의 시간당 칼로리 소모량을
계산해 보니, 주야맞교대에 비해 주간연속2교대로 바뀐 후 여가시
간 동안의 시간당 칼로리 소모량이 확연히 증가한 것을 확인할 수
있었다. 주야맞교대의 주간조 때는 여가시간 한 시간당 17.9kcal를
썼다면, 오전조 때는 시간당 28.6kcal만큼 칼로리를 소모하게 되었
다. 야간조 때 시간당 20.3kcal도 오후조 때 시간당 25.2kcal로 여가
시간의 칼로리 소모량이 증가하였다. 면접조사에서 교대제 변경 이
후 여가시간에 운동을 더 많이 하게 되었다는 진술을 확인할 수 있
어서 이러한 결과의 이유를 알 수 있다. 여가시간 동안의 운동과 적
극적인 취미활동으로 인한 신체활동량 증가는 건강에 이로운 영향

을 준다는 연구결과들이 보고되고 있다는 점에서 이 결과는 특히 의미가 있다.

다만, 근무시간 중의 시간당 칼로리 소모량도 소폭 증가하였는데 이는 쉬는 시간이나 점심시간의 감소, 생산속도의 증가와 관련되었을 것으로 보인다. 한편 혈압의 경우 교대제 변경 이후 눈에 띄는 변화는 없었는데 이는 조사대상 인원의 수가 적고 혈압은 짧은 시기에 변화되기 어려운 지표라는 점에서 쉽게 혈압에 대한 영향이 없다고 결론 내리기 어렵다.

주야맞교대에서 주간연속2교대로 변경한 3개 사업장의 사례에서 수면시간과 질 개선, 스트레스 반응의 감소, 신체활동의 증가 등을 확인할 수 있었고 근골격계 증상, 건강행동의 측면에서도 긍정적인 효과를 보여 주었다. 이는 밤샘노동을 없애고 노동시간을 줄인 노동조건 개선의 결과로 해석할 수 있고 우리 사회에서 밤샘노동을 철폐시켜야 할 이유를 보여 준다.

다만 절대적인 노동시간을 줄이되 생산량을 보충하기 위하여 노동밀도를 높이는 것은 또 다른 건강 문제를 일으킬 수 있다. 예를 들어 노동강도가 강해지면 더 빠른 반복작업, 휴식없이 연속된 부하로 근골격계의 문제를 가져오고 직무스트레스가 높아져 뇌심혈관계나 정신건강에 영향을 줄 수도 있다. 따라서 노동밀도가 높아지지 않도록 경각심을 가지고 야간노동 철폐와 노동시간 단축을 성취해야 한다.

교대제 변화가 가져온 몸의 변화 : □□자동차 노동자들의 목소리

"적응이 힘들다고 해도 몸은 지금이 훨씬 낫죠. 무엇보다 야간 때 깊이 잘 수 있으니까요. 주야맞교대 할 때 야간근무 할 때보다 지금 후반근무 할 때가 (훨씬 낫죠)."

"야간 때보다 지금 오후조 근무는 실제로는 40분만 줄어들었거든요. 잔업이 있으니까. 그래도 부담감이 훨씬 적고, 몸이 달라요. 다리 아프고 그런 게 훨씬 덜하고요."

"저는 운동 많이 늘었어요. 오후조 때는 평일에도 등산도 몇 시간씩 하고요."

"취미생활로 헬스장 다니기 시작했어요. 처음에는 애들하고 놀고 공부 가르치고, 부인이랑 마트 같이 다니는 정도였는데, 최근에 좀 멀리 이사하면서 차라리 집에 일찍 가버리거든요. 약속도 줄이고. 그러면서 운동 시작했습니다."

"(주간연속2교대의 장점은) 몸이 좋아진 것하고, 일상생활이라는 게 늘었다는 거죠."

"저는 훨씬 좋아요. 저뿐 아니라 사람들도 아무래도 일찍 끝나니까 술도 덜 먹는 것 같고요. 같이 축구하는데 사람들 표정이 밝아진 것 같아요."

5장

교대제와 노동자의 삶

5장 교대제와 노동자의 삶

일터에서의 노동시간 배치는 노동자의 건강뿐만 아니라 일상생활에도 크나큰 영향을 미친다. 사회의 일반적인 시간리듬과 엇갈려 있는 노동시간으로 인해 교대노동자들은 가족생활과 사회생활을 안정적으로 꾸려 나가기 힘들다. 따라서 가족과 사회로부터의 고립은 이들이 감내해야 하는 일상적인 어려움이 된다.

그러나 교대제를 좀더 인간적으로 재설계한다면 교대노동자들의 삶도 조금은 달라질 수 있다. 정상적이고 일반적인 생체리듬과 사회리듬에 어긋나는 교대제가 노동자들에게 부정적인 영향을 미친다면, 이러한 교대제를 개선함으로써 노동자들의 삶의 질을 높일 수도 있다는 이야기이다. 따라서 이 장에서는 교대제가 노동자들의 삶에 미치는 부정적인 영향을 살펴보고, 교대제라는 작업장의 노동시간 규칙의 변화를 통해 노동자들의 삶을 어떻게 변화시킬 수 있는지 자동차 부품업체 D사의 사례를 바탕으로 생각해 볼 것이다.

1. 교대노동자의 일상생활

1) "내 시간이 없다"

장시간 근무나 교대제 근무를 하는 노동자들은 TV 시청과 낮잠, 휴식 등의 소극적이고 수동적인 여가활동을 주로 하게 된다.* 작업장에서 지쳐 버린 몸을 이끌고 적극적이고 창조적인 여가활동을 즐기기란 쉽지 않기 때문이다. 적극적인 취미활동이나 자기계발, 지역사회 등 공동체 참여는 다음 노동을 이어 가기 위한 휴식과 피로회복 뒷전으로 밀려나게 된다.

의욕을 갖고 스포츠센터나 교육기관에 회원등록을 해보아도 결과는 비슷하다. 2교대로 맞바뀌거나 3교대로 순환되는 교대근무 형태로 인해 출석조차 꾸준히 할 수 없다. 한 주엔 나갔다 다음 주엔 못 나갔다를 되풀이하다 어느 순간엔가 제풀에 지쳐 포기하기 십상이다. 그래서 교대노동자들은 이런 자신들을 '회비만 내고 정작 활동은 못하는 골드회원'이라 부르며 자조하기도 한다.

> "휴가 때는 거의 잠자는 것밖에 안 해요. 학원을 한번 다녀볼까 시도를 했는데, 검도를 끊었는데 두 달 동안 여섯 번 갔어요. 근무시간 때문에 시간을 맞추기 어려웠어요. 그래서 포기했어요."
> ─ 간호사 인터뷰. 보건의료산업노동조합 고대의료원지부·한국노동안전보건연구소, 「고려대학교병원 노동자의 교대제 개선을 위한 노동조건 실태조사」, 2009, 79쪽.

---

* 일과 여가를 구분하는 접근법에 따르면, 여가는 노동시간 이외의 시간으로 잔여적으로 정의할 수 있다. 이렇게 볼 때 여가시간에는 가족시간이나 사회생활이 모두 포함될 테지만, 이 절에서는 가족생활 및 사회생활과 관련된 여가활동을 제외한 나머지 활동들을 중심적으로 다루기로 한다.

이렇게 살 순 없다 싶어 기를 쓰고 가족과 시간을 보내고 사회활동에도 참여하려 애를 쓰다 보면, 내 시간이 전혀 없어진다. 식구들과 부대끼고 어쩌다 모임에라도 한 번 다녀오면, 또 금방 출근시간이 다가온다. 한 철강 산업 생산직 노동자의 호소는 그러한 어려움을 잘 보여 준다.

> "야간 때나 아니면 1근 때나 2근 때나, 시간이 남으면 일단 애들이 있으니까 가족하고 같이 시간을 보내려고 하다 보니까, 제 자신의 시간을 많이 줄여야 하는 경우가 생겨요. (……) 오전 아침 퇴근하면 좀 자다가 오후에 일어나서 애들이랑 좀 놀아주다가 저녁 먹고 좀 자다가 그런 경우가 많이 생기다 보니까. (……) 그런 것 때문에 이제 수면장애도 생기는 거고."
> ─제철소 근무(4조 3교대) 노동자 인터뷰_{전국금속노동조합, 「철강업종 교대제 개선을 위한 쟁점과 과제 연구」, 2014, 67쪽.}

아예 육아나 가사의 책임을 다하기 위해 교대근무를 일부러 선택하는 사람들도 있다. 낮 동안 자녀를 돌보기 위해 일부러 밤근무를 선택하는 여성들의 경우가 대표적이다. 영국에서 야간노동을 하는 병원 여성노동자들에 대한 한 연구에 따르면, 85%에 달하는 노동자들이 가사노동을 위해 밤근무를 하고 있었는데, 이 가운데 많은 이들이 낮 동안 어머니 노릇을 수행하기 위해 고정 밤근무를 선택한 것으로 확인됐다.Gadbois, C., "Women on Night shift: Interdependence of Sleep and off-the-job Activities", Reinberg, A., Vieux, N., and Andlauer, P.(ed.), *Night and Shift Work: Biological and Social Aspects*, Pergamon Press, 1981. 이러한 여성들의 경우 직장과 가정에서 수행하는 노동시간의 총합은 극단적으로 길어진다. 따라서 여가생활은 대단히 축소되고 제약될 수밖에 없다.

이와 같은 사례들은 일과 가족의 의무를 다하기 위해 자신의 잠잘 시간, 휴식하고 재충전할 시간과 같이 기본적으로 확보해야만 하는 시간들마저 희생해야 하는 노동자들의 삶의 모습을 보여 준다. 교대근무 시스템으로 인해 노동자들이 주체적이고 적극적인 여가활동을 향유하지 못하고 있는 것이다. 노동자들의 일상생활은 일과 이윤을 중심에 둔 교대근무 체계로 인해 이렇게 짓눌리고 멍들어 간다.

2) "애들 얼굴도 못 봐요"

가족생활의 문제는 사회생활 문제와 더불어 교대노동자들이 가장 많이 호소하는 문제들 가운데 하나이다. 호주 광산노동자들의 교대제와 이로 인한 노동자들의 일상생활의 변화를 조사한 깁슨Katherine Gibson은 교대제로 인한 삶의 문제를 '따로 돌아가는 두 개의 회전목마'Different Merry-Go-Rounds에 빗대어 표현한 바 있다.Gibson, K., *Different Merry-Go-Rounds: Families, Communities and 7-Day Roster*, United Mine Workers, Queensland District Branch, 1993. 가족들과 다른 사람들의 생활은 정상적인 낮시간을 중심으로 돌아가는데 교대노동자의 생활은 작업장의 교대 리듬을 중심으로 돌아가, 가족들의 삶이 따로 떨어진 채 각자 돌아가는 두 개의 회전목마가 되어 버린다는 뜻이다.

무엇보다 교대노동자들이 많이 호소하는 문제는 가족들과 함께할 시간이 절대적으로 부족하다는 것이다. 오후근무나 밤근무를 하는 경우에는 가족들과 한끼 식사조차 제대로 할 수 없다. 많은 노동자들이 이런 생활조건으로 인해 상실감과 고립감을 경험하게 된다.

"1근이면 아침에 일찍 나가죠. 2근 때는 애들 얼굴 보기도 힘든 것 같아요. 저녁 늦게 가면 자고 있고, 일어나면 학교가 있고. 2근 때는 거의 식구들 얼굴 보기 힘든 거죠. 그리고 1근 때만 집에 가서… 근데 1근 때도 그래요. 애들이 막 나가서 놀아 달라고 그러는데, 피곤하니까, 솔직히. (웃음) (……) 2근 때는 집사람 얼굴도 못 봐요. 우리는, 제가 좀 옆에 누가 누워 있음 잠을 잘 못 자요. 그래서 따로 자는데, 그래서 2근 때는 얼굴도 못 봐요."
— 제철소 근무(4조 3교대) 노동자 인터뷰 ^{전국금속노동조합, 「철강업종 교대제 개선을 위한 쟁점과 과제 연구」, 2014, 64쪽.}

"저녁에 인제[이제] 집에서 10시 돼 가지고 나오는데, 11시[출근]이면 10시 되면 나와야 되거든. 10시 돼 가지고 나오려고 양말 떡 신는 거 보니까, 다른 사람들은 지금 양말을 벗는데, 이거 (웃음) 참 서글프다, 양말 신는 게."
— 제철소 근무(4조 3교대) 노동자 인터뷰 ^{앞의 글, 같은 쪽.}

"자녀들하고 대화시간 부족, 또 부부간의 대화시간 부족, 이런 게 구체적으로 금전적으로 산술을 할 수 없지만, 근로자들이 그런 피해를 안고 살아가는 거지. 안고 살아가는 거야."
— 제철소 근무(4조 3교대) 노동자 인터뷰 ^{같은 쪽.}

또한 교대제는 가족 전체를 '교대제 가족'으로 만들어 버린다.

교대근무의 폐해가 단순히 교대노동자 한 사람에게만이 아니라 가족 구성원 전체에 미치는 것이다. 우선 당사자들은 흔히 배우자 혹은 부모로서 가족들에게 충분한 시간과 관심을 주지 못하는 것에 대한 죄책감을 안고 있다. 교대근무로 인해 가족으로서의 책임을 다할 수 없기 때문이다.

> "저는 육아문제가 가장 힘이 듭니다. 데이[근무]면 아이를 남편이 맡기고 출근하면 제가 찾아오면 되지만, 이브닝[근무]일 때는 남편이 아닌 제3자의 도움이 필요합니다. 어머님이나 시어머님께 맡기면 편하겠지만 저희는 그럴 수 있는 형편이 아니라서 어린이집에 의존해야 하거든요."
> — 간호사 인터뷰 보건의료산업노동조합 고대의료원지부·한국노동안전보건연구소, 「고려대학교병원 노동자의 교대제 개선을 위한 노동조건 실태조사」, 2009, 81쪽.

뿐만 아니라 다른 가족들 역시 교대근무를 하는 가족에게 억지로 생활패턴을 맞춰야 하는 불편을 감수하며 살아야만 한다. 현대자동차 노동자 가족에 대한 한 연구에는 2교대 노동을 하는 남편의 일, 귀가, 수면, 기상, 식사 리듬에 일상생활 전체를 맞추어야만 하는 주부들의 삶의 모습이 묘사된다. 조주은, 『현대 가족 이야기』, 이가서, 2004, 243~251쪽. 1980년대 울산 중구 학성공원의 풍경은 이러한 삶의 단면을 상징적으로 보여 준다. 어린아이 한둘을 업고 안고 나와 온종일 공원 안을 서성이는 젊은 엄마들의 모습——밤근무를 마치고 아침에 집에 돌아온 현대자동차 남편들을 위해 아내들이 아이들을 이끌고 집을 나선 것이다. 이는 비단 이 시절의 학성공원에서만 볼 수 있었던 풍경은 아닐 것이다. 아이들이 커도 상황은 마찬가지이다. 교대근무로 항상 수면부족에 시달리는 남편과 아버지를 위해 집에서도 있는 듯 없는 듯 조용히 지내는 식구들의 모습은, 여러 조사에서 확인된 한국 제조업 교대근무 가족들의 일상적인 삶의 모습이다.

[제일 큰 문제다, 제일 큰 불만이다, 하는 거 한 가지만 꼽으신다면?]
"집 식구들이 교대하는 거죠. (……) 리듬이 다 깨져 버려요. 애들도 그렇고 집사람도 그렇고. 집사람 어머님도 그러시고. 일단 야간에 출근하면 애들이 죽 서 가지고 아빠, 다녀오세요, 그러는데, 안 갔으면 하는 애들 눈빛을 보면 그게 그렇게 가슴이 짠해요. 야간에 정상적인 생활이 안 된다는 거, 그게 제일 큰 것 같아요. (……) 저희는 일곱 식구가 다 교대를 해요. 저 때문에 다 교대를 해요. (……) 집사람도 [제가] 야간 들어가면 새벽 2시, 3시까지 잠을 못 자는 거예요. 왜냐하면 신랑 없으니까 그냥 이 생각, 저 생각 하다 보면 3~4시까지 잠을 못 자는 경우도 있대요, 진짜. 그리고 또 잠들만 하면 일어나서 회사 간다고 뒤척거리면 또 일어나야 되고. 식구들마다 다 교대하는 거예요. 한 사람이 교대면 집안 식구들 다 교대고. 야간에 퇴근해서 잠을 자잖아요. 잠을 자면 저는 방에서 커튼을, 저희는 커튼을 봄·여름·가을·겨울 이렇게 계절별로 못 바꿔요. 일단 어두워야 되니까. 야간엔 낮에 자야 되니까. 낮에 싹 어둡게 해놓고 귀 막고 자요. 그러면 애들이 학교 끝나고 이제 오면 시끌벅적 떠들잖아요. 못 떠들게 해요. 아빠 주무신다고. 애들이 무슨 죄라고. 이것도 힘들어요."
— 제철소 근무(4조 3교대) 노동자 인터뷰 _{전국금속노동조합, 「철강업종 교}

대제 개선을 위한 쟁점과 과제 연구」, 2014, 65쪽.

"야간 되면 집안이 비상이에요. 전시나 6·25 때 난리는 난리도 아니라. 잠을 자야 되는데 숟가락 하나 떨어뜨릴까봐."
— 제철소 근무(4조 3교대) 노동자 인터뷰 ^{앞의 글, 같은 쪽.}

또한 이러한 가운데 가족들 간에 긴장이 자라나기도 한다. 교대제 근무로 인한 누적된 피로와 가끔 얼굴이나 마주치는 데 익숙해져 버린 식구들. 모처럼 휴일을 맞아도 낮잠을 자거나 TV를 틀어놓고 멍하니 시간을 보내는 것이 반복되다 보면 가족 내에 불만이 누적될 수밖에 없기 때문이다.

"아이들도 옛날에는 아빠가 맨날, 그거 아니에요. 소파에서 잠만 자고 텔레비만 본다고. (……) 옛날에는 피곤하고 그러니까 주말에, 이렇게, 와이프가 포기가 되는 거지. (……) 얘기도 안 해, 그냥. 얘기하면 잘못하면 부딪힐 수 있으니까. (……) 차라리 짜증내느니 마누라가 애들 데리고 지들끼리 나가고."
— 자동차회사 근무(2조 2교대) 노동자 ^{한국노동안전보건연구소 노동시간센터(준), 「두원정공 주간연속2교대제 시행과 노동자의 삶과 건강」, 2013, 78쪽.}

특히 부부 중 한 사람이 교대근무를 할 경우, 가사 및 돌봄 노동의 평등한 분배가 어려워져 이것이 부부 갈등의 주요한 원인이 되기도 한다. 남성이 교대노동을 할 때에는 가사노동 분업에 대한 성별화된 의식으로 인해 이러한 갈등이 잠재되기도 하지만, 근본적으로 해소되기는 어렵다.

앞서 언급한 호주 광산노동자들의 교대제와 그 영향에 대한 연구에서도, 7일 순환 교대제가 도입된 이후 가사노동과 육아의 부담이 여성에게 집중되어 부부간의 불화의 씨앗이 보다 커진 것으로 확인됐다. 여기서 7일 순환 교대제란, 7일 연속 근무를 기본으로 하는 4조 3교대제를 의미한다. 깁슨에 따르면, 7일 순환 교대제가 도입된 이후 호주 광산노동자들의 노동시간은 크게 증가했다. 뿐만 아니라 주말 휴일이 한 달에 1일 정도로 줄어들어 노동자와 그 가족들의 삶의 질이 대단히 하락했다.Gibson, K., *Different Merry-Go-Rounds: Families, Communities and 7-Day Roster*, United Mine Workers, Queensland District Branch, 1993.

마지막으로, 여성이 교대노동을 할 경우에는 문제가 더 심각해질 수 있다. '남성은 일, 여성은 가족'이라는 전통적인 젠더의식이 해소되지 않았을 경우, 여성은 고된 교대노동에 가사노동의 책임까지 무겁게 짊어질 수 있기 때문이다.

물론 맞벌이 가족에서 부모의 교대제 노동이 남성의 가사 및 돌봄 노동 참여를 증대시키는 요인으로 작용한다는 보고가 있기는 하지만,Presser, H., *Working in a 24/7 Economy: Challenges for American Families*, Russell Sage Foundation, 2003. 기존 연구들에 따르면 대체로 교대제 노동은 교대노동자의 가족생활에 부정적인 영향을 미친다. 따라서 교대제를 설계할 때 이에 대한 면밀한 고려가 선행될 필요가 있다.

3) "친구도 못 만나고 연애도 못해요"

교대노동자가 경험하는 사회적 고립의 문제 역시 심각하다. 유통·

판매직을 대상으로 한 조사에 따르면, 주말과 공휴일에도 일하게 되면서 개인적·사회적 관계의 변화를 경험했냐는 질문에 응답자의 70% 이상이 그렇다고 답했다. 중요한 것은 변화의 내용인데, 가장 관계가 많이 변화한 항목을 지목해 달라는 질문에 대해, 응답자의 30% 이상이 '가족과 시간을 함께 보내지 못함'을 1순위로 골랐으며, '인간관계가 소원해짐'과 '주요 행사·모임에 참석하지 못함'을 1순위로 고른 응답자도 각각 21%와 19% 정도로 나타났다.한국노동사회연구소, 「서비스산업 여성노동자의 '일과 삶의 균형'(WLB)을 위한 노동시간 재구조화 방향 모색 연구」, 2014, 47~48쪽. 종합적으로 볼 때 사회적 관계에 있어서 소외와 고립을 경험한다는 응답이 대단히 크게 나타난 것이다.

좀더 구체적으로 살펴보면, 대부분의 교대노동자들이 교대근무 및 야간, 주말·공휴일 근무로 인해 공식적이거나 비공식적인 모임과 행사에 참여하는 데 어려움을 겪고 있다. 대부분의 행사와 모임이 저녁시간이나 주말에 잡히는데, 교대근무자의 경우 이 시간에 근무를 해야 하는 경우가 많기 때문에 각종 행사와 모임에 참석할 수 없기 때문이다.

"교대근무가 제일 어려운 게, 날 소외시켜 버려요. 사회생활을 못해. 그게 제일 큰 문제예요. (……) 4조 3교대니까 토요일·일요일을 맞출 수 있는 게 25%밖에 안 나오잖아요. 한 달에 한 번씩. (……) 예를 들어서 모임이 있어도, 사람들은 토요일·일요일에 맞춰서 모임을 하고, 결혼식을 해도 토요일·일요일에 맞추는데, 우리 같은 경우엔 그걸 25%밖에 못 맞추니까. 나머지는 개인적으로 휴가를 내서 가야 되고, 휴가를 내도 야간 끝내고 나면은 그것도 또 눈 뻘게서 가야 돼요. 이게 제일로 어려워. 같이 생활을 할 수가 없어요."

— 제철소 근무(4조 3교대) 노동자 인터뷰 ^{전국금속노동조합, 「철강업종 교}
대제 개선을 위한 쟁점과 과제 연구」, 2014, 65쪽.

"친구들 만나는 거요? (……) 저 같은 경우는, 불알친구 같은 경우는, 제가 직업이 이러니까 전화를 해요. 네가 쉬는 날을 알려 달라. (웃음) 우리가 맞출게. 저희가 모임을, 한 여섯 명씩 모이는데, 유일하게 교대로 근무하고 있는 게 저 하나예요. 3교대로. 저 하나 때문에 나머지 다섯 명이 저한테 맞춰요. (……) 그래서 딱 물어봐요. 주말에 언제쯤 쉬냐. 이번 달에 없다. 그럼 평일로 잡아요. 근데 다 직장생활들 하고 하니까, 일찍도 못 봐요. 7시, 8시. 술 한 잔 먹고 집에 오면, 얼굴 보고 얘기하다 보면 끝이에요, 그냥. 그러니까는 한 달에 한 번 보기도 힘들고, 두어 달, 한 석 달에 한 번 보나. 석 달, 넉 달에 한 번 보나."

— 제철소 근무(4조 3교대) 노동자 인터뷰 ^{앞의 글, 66쪽.}

"무슨 모임 하다가도 보면, 보통 저녁에 하잖아요. 그 뭐 술 한 잔 먹고, 이기, 먹도 못합니다. 그 좋아하는 술도 못 먹고 앉아 있다가 밤 열한시, 열시쯤이나 되면 회사에 출근하려고 오다 보면 참 서글프다. 이게 사람인가."

— 제철소 근무(4조 3교대) 노동자 인터뷰 ^{같은 쪽.}

그러다 보면 인간관계가 소원해지고 고립되는 것은 어쩌면 당연한 귀결이다. 애를 써서 겨우 연락을 하고 지내던 친구들과도 교대근무 기간이 길어지면서 연락이 끊기는 일이 다반사다. 심지어 교대제로 인한 일상생활의 영향에 관련된 조사를 하다 보면, 교대제 근무로 인해 연애를 하기 힘들다거나, 교대조에서 상시주간조로 전환하자마자 애인이 생겼다거나 하는 웃지 못할 사연들마저 드물지 않게 접할 수 있다. 그만큼 교대제가 정상적인 사회생활을 하기 어렵게 만드는 장애물로 작용한다는 뜻이다.

> "일단 친구들이 없어지고요. 사람도 못 만나고. 몸이 너무 힘든 거서 같아요. 휴가 때에는 거의 잠자는 것밖에 안 해요."
> — 간호사 인터뷰 보건의료산업노동조합 고대의료원지부·한국노동안전보건연구소, 「고려대학교병원 노동자의 교대제 개선을 위한 노동조건 실태조사」, 2009, 79쪽.

> "남자친구는 주말에 시간이 나는데, 나는 [시간이] 안 나면 남자친구도 거의 못 보고… 친구들은 거의 못 만나요. 친했던 친구들도 병원 다니고 나서부터 연락 안 하고. 일하는 동안은 핸드폰을 꺼놓거나 못 받으니까 친한 친구들한테 연락이 없어져요."
> — 간호사 인터뷰 앞의 글, 같은 쪽.

사회적 관계는 가족관계와 더불어 우리가 행복하고 질 높은 삶을 살아 나가는 데 있어 대단히 중요한 요인이 된다. 그러나 교대제는 교대노동자로 하여금 그러한 기본적인 일상생활의 즐거움마저 박탈하고 있다. 그러하기에 교대제의 폐해는 교대노동자의 육체적·정신적 건강 영향의 측면에서만 고려되어서는 안 된다. 교대제는 교대노동자 본인과 가족, 사회적 관계망에도 부정적인 영향을 폭넓게 미치고 있는 것이다.

4) '일상을 제약당한 노동자, 상상하고 꿈꿀 자유마저 제약당하다'

앞에서 살펴보았듯, 교대노동자들은 가족 및 사회의 시간리듬으로부터 철저하게 동떨어진 일터의 시간리듬에 종속된 채 고립된 생활을 강요받고 있다. 교대근무로 인해 노동자들은 여가생활, 가족생활, 사회생활을 포기해야 하고, 따라서 일상생활에서 얻을 수 있는 수많은 즐거움들을 누릴 수 없게 된다. 건강하고 풍요로운 삶을 즐길 수 있는 권리를 박탈하는 것이다.

이로 인해 교대노동자들은 가족과 사회적 관계로부터 소외되어 고립된 원자가 된다. 일터의 시간규칙에만 종속되어, 자신의 시간과 삶을 전반적으로 계획하고 운영하는 주권자로서의 위치를 빼앗기게 되는 것이다.

가족, 취미, 사회적 관계, 봉사, 정치활동 등 삶의 나머지 전 영역에서 운신의 폭을 제한당한 노동자들은, 다르게 생각할 자유, 다르게 꿈꿀 자유마저 제한당하게 된다. 교대제라는 비인간적 근무 형태가 노동자들로부터 다르게 생각하고 상상하기 위한 최소한의 여유와 힘마저 빼앗아 가기 때문이다.

교대근무 체계하에서 노동자들은 생각과 꿈을 키워 나가기 위한 자양분이 될 다채로운 일상적 경험들을 할 수 없게 된다. 가족 간에 대화를 나눌 시간도, 가족 내에 문제가 있다면 그것을 해결하고 극복해 나갈 여유도 가질 수 없다. 지역사회와 시민사회의 일원으로서 공공의 문제들에 대해 숙고하고 목소리를 낼 시간도 없다. 미래의 자신과 가족과 사회의 모습에 대해 상상하고 설계하고 실험할 여유도 없다. 오로지 허락된 것은 아침, 점심, 저녁, 밤으로 뒤죽박죽 돌아가는 일터에서의 시간일 뿐이다. 그러한 노동자들에게 남겨지는 것은 일터의 교대근무 체계에 근근이 맞춰 이어 가는 시간──빈곤한, 지친 일상일 뿐이다.

안타까운 것은 또 있다. 장시간 교대노동을 오래 해온 노동자일수록 비정상적인 노동시간 시스템에 적응되어 일상생활의 포기를 당연하게 받아들이기도 한다는 점이다.

"○○철강 처음 시작할 때는 2조 2교대 맞교대로 계속 일하던 시절도 있었어요. 하루에 열두 시간씩. 교대 바뀌려면 토요일은 24시간 일해야 하고. 그렇다고 달에 쉬는 날이 있느냐. 그것도 없어요. 그냥 계속 그렇게 가는 거예요. 그때 어떻게 근무를 했는지, 참. 지금 생각해 보면 끔찍해요. 그러다가 3조 3교대로 넘어오니까, 시간이 많이 남는 것 같더라고요. 맞교대를 하다 하니까. (웃음) 주말에도 막 쉬는 것 같고. 사실 달에 두 번밖에 안 쉬는 건데… 그런 느낌이니까, 3조 3교대를 하다가 4조 3교대를 하면… 어떻게 보면 3조 3교대가 몸에 익어서 그런가, 4조 3교대가 이제 7~8년 정도 됐나 그런 것 같은데, 아직도 사실 적응이 잘 안 되는 게 있어요. 이게 한국사람 근성인지도 모르겠는데."
── 제철소 근무(4조 3교대) 노동자 인터뷰 전국금속노동조합, 「철강업종 교대제 개선을 위한 쟁점과 과제 연구」, 2014, 69쪽.

이 노동자는 4조 3교대 노동을 7~8년째 하면서 아직도 개선된 교대제가 3조 3교대 노동보다 몸에 덜 익었다는 말을 한다. '근성'이 있기 때문에 3조 3교대 노동이라도 하려면 할 수 있겠다는 뜻이다. 제철소라는 일터의 특성상 1년 365일을 거의 쉼 없이 밤낮으로 교대 노동을 하면서도 '할 만하다', '할 수 있다'라고 느끼는 것이다.

정말 놀랍게도, 교대제 관련 조사를 하다 보면 이런 반응을 드물지 않게 만나게 된다. 대표적인 한국의 교대근무 일터인 자동차 공장의 노동자들을 만나 보면, 이와 유사한 이야기를 왕왕 들을 수 있다. 최근에 새로 도입된 주간연속2교대제가 종전의 주야맞교대제보다 더 나은 줄 잘 모르겠다는 것이다. 이유는 다양하다. 20년 넘게 일해서 생체리듬이 완전히 바뀌었다, 다 늙어서 집에서 배우자와 얼굴 마주보고 있어 봐야 즐거울 일 없다, 교대제가 바뀐 것은 좋지만 노동시간이 줄어 임금이 적어져서 싫다, 종전의 주야 2조 2교대로 돌아가고 싶은 건 아니지만 잔업 특근을 늘려 임금을 높였으면 좋겠다……

비정상적인 교대노동에 오랫동안 적응되어 온 까닭에 노동시간 단축, 교대제 개선의 동기 자체를 잃어버린 것이다. 그동안 잊고 살았던 일상생활의 즐거움을 되찾고, 다른 것을 경험하고 꿈꿀 권리를 회복하기를 주저하는 것이다. 자기 시간의 진정한 주권자로서 한 발 내딛기를 망설이는 것이다.

한 나이든 노동자의 말대로, '20년 동안' 노동자들이 접촉하고 살을 비비댄 시간이 작업장의 시간뿐이었기 때문이다. 그동안 노동자들이 자신의 생활을 포기하고 삶을 희생하면서까지 수용하고 적응해야 했던 것이 작업장의 규칙뿐이었기 때문이다. 긴 세월을 거치며 노동자들이 작업장과 기업의 이윤의 논리에 그토록 젖어 버렸기 때문이다. 이윤만을 중심으로 인간의 시간과 생활과 삶을 재단하는 그 논리에 말이다. '돈 버는 재미'에 젖어 자신의 몸이 상해 가는지도, 가족과 사회에 문제가 쌓여 곪아 가는지도, 자신의 영혼이 멍들고 망가져 가는지도 잠시 잊어버렸던 어느 노동자처럼.

> "제가 96년에 한 달에 잔업을 297시간을 한 적이 있어요. 297시간. 열세 번을 철야를 했어요. (……) 근데 그거는 많지 않은 거예요. 정말 많은 사람은, 300시간 넘는 사람들, 수두룩했어요. (……) 철야근무를 하면, 밤을 새고 그 다음날 아침에 퇴근을 하는 줄 알았어요. 퇴근한다고 그랬다가 그때 우리 현장 반장한테 욕을 많이 먹었거든요. 무슨 퇴근을 해. (……) 그 다음날 [저녁] 7시 반까지 그냥 공장 안에 있어요. (……) 그때는 그렇게 하면 돈이 되니까. (……) 다른 사업장하고 비교하면 연봉 차이가 배는 날 정도니까. 돈 버는 재미에 했던 거예요."
> ──자동차회사 근무(2조 2교대) 노동자 인터뷰 ^{한국노동안전보건연구소 노동시간센터(준), 「두원정공 주간연속2교대제 시행과 노동자의 삶과 건강」, 2013, 78쪽.}

그러나 슬퍼하고 있을 일만은 아니다. 그런 문제투성이 교대제를 인간이 만들어 낸 거라면, 그걸 고칠 수 있는 것도 인간이기 때문이다. 어찌 보면 원칙도 간단하다. '이윤을 위한 시간'보다 '인간을 위한 시간'을 좀더 고려하면 된다. 노동자들의 안전한 작업, 건강한 몸, 당연히 누려야 할 권리들을 우선적으로 생각하면 된다. 노동자들이 일상생활의 소소한 재미와 즐거움을 되찾을 수 있도록 일터의 시간 규칙을 재조정하면 된다. 이윤의 논리를 앞세워 당연한 듯 탈취해 가 버린 노동자들의 시간주권을 원래의 주인들에게 되돌려주면 된다. 그래서 그들이 다시 삶을 회복하고 가족과 공동체의 미래를 고민하고 꿈꿀 수 있게 하면 된다. 그렇게 된다면, 그렇게 만든다면, 우리들의 삶은 지금과는 많이 다른 모습일 수 있지 않을까.

이와 관련하여, 보다 인간적으로 설계된 교대제로의 전환이 노동자들의 삶에 긍정적인 변화를 가져왔다는 최근의 연구 결과들에 주목할 필요가 있다. 교대제의 변화를 통해 노동자들의 여가생활과 가족생활, 사회생활에 긍정적인 변화를 이루어 냈다는 것이다. 연구들은 공통적으로 자동차 산업에서 주간연속2교대제가 도입된 이후 노동자들이 보다 만족스러운 삶을 살 수 있게 되었다는 것을 보여준다. 가족들과 좀더 시간을 많이 보낼 수 있게 되었으며, 보다 적극적으로 여가활동과 사회활동을 할 수 있게 되었다. 이러한 긍정적인 변화들은 자동차 산업의 여러 기업들을 대상으로 한 다양한 조사에서 확인되고 있다.

2. '조금 더 인간적인 교대제'로도 바뀔 수 있는 삶

1) 주간연속2교대제, '조금 더 인간적인 교대제' 설계는 어떻게 시작됐나?

한국의 장시간 노동은 세계적으로도 악명이 높다. 이러한 부끄러운 통계에 특별히 기여한 산업 가운데 하나가 자동차 산업인데, 한국 자동차 산업 생산현장에는 2조 2교대제의 장시간 노동시스템이 견고하게 뿌리내려 왔다. 자동차 생산직 노동자들은 '평일정취+평일잔업+휴일특근'으로 이루어지는 장시간의 노동과 일주일 단위로 맞바뀌는 주간-심야의 교대근무를 수십 년간 몸으로 견뎌야 했는데, 이러한 노동시간 시스템은 자동차 생산직 노동자들의 일상생활에도 지대한 영향을 미쳤다.

기존의 연구들에 따르면, 자동차 산업에서 나타나는 장시간 노동과 2조 2교대라는 철저하게 일 중심으로 짜여진 작업시간은 노동자들의 육체적·정신적 한계를 시험하고, 가족생활과 사회생활을 파괴하였다. 가족 및 사회로부터 유리되어 있는 작업장의 시간리듬으로 인해 노동자들은 가족과 사회의 일원으로서 정체성을 구축하는 데 어려움을 겪을 수밖에 없었으며, 생계부양자로서의 역할을 배타적으로 강요받아 왔다. 1997년 경제위기를 계기로 한 일련의 구조조정은 노동자들의 의식 속에 불안을 더욱 깊이 각인하였으며, 이는 노동자들이 가족생활과 사회생활의 포기를 수용한 가운데 임금소득 활동에만 더욱 몰입하게 되는 구조적 배경으로 작용하였다. 노동자들은 기업에 시간주권을 양도한 대가로 상대적 고임금을 쟁취하여 중산층의 생활양식을 구현하는 데 접근하였으나, 가족 및 사회로부터 유리된 시간리듬으로 인해 비참한 삶을 감수할 수밖에 없게 되었다. 즉, 물질적으로는 풍요로우나 가족과 사회로부터는 고립된 채 작업장의 시간과 리듬에 종속되어 살아가야 하는 일상의 비참함——이것이 바로 현대 한국 자동차 산업 생산직 남성노동자들의 삶에서 확인되는 모순적 특징이라는 것이다. 안정옥, 「시간의 탈구와 일상의 비참: 울산 자동차 노동자의 사례」, 『사회와 역사』 제88집, 2010.; 유형근, 「한국 노동계급의 형성과 변형: 울산지역 대기업 노동자를 중심으로, 1987~2010」, 서울대학교 사회학과 박사학위 논문, 2012.

한편, 1997년 경제위기와 구조조정은 노동운동 내에서 고용을 유지하고 동시에 노동시간을 단축하기 위한 방안으로 주간연속2교대제의 도입을 적극적으로 고려하기 시작하는 계기를 마련해 주었다. 경제위기의 시기에 고용을 유지하는 동시에 노동시간을 단축하는 방안으로서 주간연속2교대제가 매력적인 대안으로 떠올랐기 때문이다. '임금 삭감 없는, 노동강도 강화 없는, 고용 불안 없는' 이른바 3무원칙이 주간연속 도입 운동의 원칙으로 상정되었으며, 이것이 사실상 새로운 교대제의 설계에 있어 노사간의 핵심 쟁점이 되었다.

이후 완성차 기업 노사 양측은 10년이 훌쩍 넘는 긴 고민과 논의 과정 끝에 주간연속2교대제를 도입하기로 합의하였고, 결국 새로운 교대제는 2013년 현대자동차를 필두로 하여 자동차 산업 전반에 전면적으로 도입되기 시작했다. 이로써 지난 수십 년간 이어져 온 '주간조 10시간(정취+잔업) + 야간조 10시간(정취+잔업)'의 교대제 시스템은 드디어 변화를 맞게 되었다.

특히 자동차 부품업체 D사의 사례는 오랜 준비를 통해 원칙에 입각해 비교적 성공적으로 주간연속2교대제를 현장에 안착시키는 데 성공한 사례로 꼽힌다.* D사는 2010년 주간연속2교대제를 도입하였으며, 다음의 [표 1]과 [표 2]는 주간연속2교대제 시행 전후 D사의 근무시간표를 보여 준다.

새로운 노동시간 시스템이 노동자들에게 처음부터 환영받기만 했던 것은 아니다. 임금이 줄어들 것에 대한 우려가 가장 크게 제기됐고, 20년 가까이 혹은 그 이상 동안 적응해 온 교대제 시스템이 바

---

* D회사의 사례에 관한 보다 자세한 내용은 한국노동안전보건연구소 노동시간센터(준), 「두원정공 주간연속2교대제 시행과 노동자의 삶과 건강」, 2013을 참조할 것.

뀌면 생체리듬이 깨져 더 힘이 들 것이라는 예상도 많았다. 이러한 상황에서 그동안 D사에서 도입 논의를 주도해 온 노동조합은 새로운 교대제를 통해 노동시간을 단축하고 월급제를 도입하여 기본급을 확충하는 것이 고용안정과 임금안정이라는 두 가지 목표를 동시에 달성하기 위한 방안이라는 점을 강조함으로써 조합원들을 설득해 나갔다. 동시에 그동안 부차적으로 여겨 왔던 노동자의 건강권을 실현하기 위한 방안이라는 점 역시 강조했다.

주간연속2교대제가 도입된 지 5년째인 2015년 현재, 제도는 많이 안정화되었다. 새로운 노동시간 및 임금 시스템에 대한 조합원들

[표 1] D사 기존 근무시간표

오전반(시업/종업)	시간	구분	오후반(시업/종업)	시간	구분
08:30~10:15	1시간 45분	노동1	19:30~21:45	2시간 15분	노동1
10:15~10:30	15분	휴게1	21:45~22:00	15분	휴게1
10:30~12:30	2시간	노동2	22:00~24:00	2시간	노동2
12:30~13:20	50분	중식	24:00~00:50	50분	중식
13:20~15:15	1시간 55분	노동3	00:50~02:45	1시간 55분	노동3
15:15~15:30	15분	휴게2	02:45~03:00	15분	휴게2
15:30~17:20	1시간 50분	노동4	03:00~04:20	1시간 20분	노동4
17:20~17:30	10분	휴게3	04:20~06:20	2시간	노동5
17:30~19:30	2시간	노동5			

[표 2] D사 주간연속2교대 근무시간표

오전반(시업/종업)	시간	구분	오후반(시업/종업)	시간	구분
08:00~10:00	2시간	노동1	16:00~18:00	2시간	노동1
10:00~10:10	10분	휴게1	18:00~18:40	40분	중식
10:10~12:00	1시간 50분	노동2	18:40~20:30	1시간 50분	노동2
12:00~12:40	40분	중식	20:30~20:40	10분	휴게1
12:40~14:30	1시간 50분	노동3	20:40~22:30	1시간 50분	노동3
14:30~14:40	10분	휴게2	22:30~22:40	15분	휴게2
14:40~16:00	1시간 20분	노동4	22:40~24:00	1시간 20분	노동4

의 불안과 불만은 대체로 가라앉았으며, 오히려 삶이 더 만족스러워
졌다는 반응들이 많이 올라오고 있다.

2) '내 시간을 갖다': 자유시간의 확대와 여가활동의 다변화

D사의 사례를 통해 '조금 더 인간적인 교대제'를 설계함으로써 노
동자들의 삶의 질을 보다 높일 수 있다는 것을 확인할 수 있다. 무엇
보다 심야노동이 사라지고 노동시간이 단축됨에 따라 노동자들이
주체적으로 계획하고 활용할 수 있는 시간이 늘어났다. 물론 교대근
무가 완전히 없어진 것은 아니지만, 그래도 잔업 포함 하루 10시간
장시간 노동에 심야노동이 행해지던 과거에 비해 여유가 늘어난 것

만은 확실하다. 여유시간이 늘어남에 따라 여가활동이나 가족들과 함께 시간을 보내는 양상 역시 적지 않게 변화했다. 자유시간의 확대와 이로 인한 여가의 다변화는 D사에서 확인할 수 있는 일차적인 생활상의 변화다. 바라마지 않던 '내 시간'을 가질 수 있게 된 것이다.

"제가 2조 근무 될 때 하루 일과를 말씀드리면, 열두시에 퇴근해 집이 가까우니까 열두시 반에 가서 씻고 잠깐 뭐 마감뉴스 좀 보고 하면은 한시에서 한시 반 사이에 잠을 자요. 그러면, 어, 여덟시에 제가 일어나요. 그러면 큰 애 학교 가는 거, 작은 애 학교 가는 거, 집 사람 출근하는 거 보고 샤워하고, (웃음) 일단 세탁기를 돌려요. 세탁기 도는 중간에 청소기를 돌려요. 그리고 밥을 먹으면 빨래가 나와요. (웃음) 빨래를 팍 널어요. 그리고 제가 그 수영장을 다니는데, 수영장 가기 전에 일단 가까운 시내 산을 올라갔다가 땀을 한 번 내고 수영장에 갔다가 운동 끝나면 이제 밥 먹고 출근을 하거든요. (……) 그 다음에 나머지 시간은 같은 근무조들끼리 이렇게 뭐가 일정이 맞으면 뭐 볼링도 치러 가고, 어, 밖에 나가서 고기도 구워 먹고, 그런 거 하고, 그 다음에 네 시에 출근하죠."
—D사 노동자 인터뷰 _{한국노동안전보건연구소 노동시간센터(준), 「두원정공 주간연속2교대제 시행과 노동자의 삶과 건강」, 2013, 79쪽.}

"주말에는 산에 좀 많이 가요. (……) 모임, 모임 같은 거도. 동호회 같은 거. 낚시 있고, 마라톤, 등산. (면접자: 아, 마라톤도 하세요? 대회에도 나가시고?) 그렇죠. 아마추어 대회는 풀코스는 못하고 하프로. (면접자: 이런 거는 원래 좀 하셨던 거예요? 아니면 교대제 바뀐 다음에?) 바뀌고는 했죠. 안 바뀌고는 그런 거 할 생각이 없죠. (웃음) 집에 가서 TV 보고 잠자는 게 다죠.

—D사 노동자 인터뷰 앞의 글, 같은 쪽.

3) 가족의 회복

가족생활의 변화 역시 눈에 띈다. 완성차 및 부품업체를 대상으로 한 여러 조사들에서 주간연속2교대제 도입 이후 가족관계 개선을 경험한 노동자들이 다수라는 것이 확인되었다. 노동시간 단축과 심야노동의 폐지를 통해 더 많은 시간을 가족과 함께할 수 있게 되었기 때문이다. 많은 노동자들이 아버지 노릇을 제대로 할 수 있게 된 점에 큰 만족을 나타냈다.

"애들이 첨에는 싫어했어요. 귀찮아하더라고. (……) 집에 오면 항상 아빠가 있으니까. 컴퓨터도 마음대로 못하고, TV도 맘대로 못 보고, 이제 이런 거 불편해하더라고요. 저 한참 고민했어요, 그거 때문에. 살살 꼬셔서 이제 밖에 나가서 뭐도 하고 뭐도 하고 하면서 조금씩 관계가 좋아진 거죠. (……) 그렇게 같이 있어 주니까, 1년 훨씬 지나보니까, 학교 갔다 와서 아빠가 없으면 전화를 해요. 오늘 어디 있는 거야? 전화를 해요. 좀, 당연히 가까운 관계인데, 막, 그냥, 말뿐인 게 아니라 훨씬 더 가까워진 것 같아요."

—D사 노동자 인터뷰 한국노동안전보건연구소 노동시간센터(준), 「두원정공 주간연속2교대제 시행과 노동자의 삶과 건강」, 2013, 83쪽.

특히 자녀와의 관계는 대체로 십대 초중반까지의 상대적으로 어린 자녀가 있는 가족일수록 관계가 더욱 돈독해지는 경험을 많이 하는 것으로 나타났다. 자녀가 더 성장할 경우 가족보다는 또래집단과 어울리기를 즐기거나 대학생 혹은 사회인이 되어 물리적·정신적으로 가족으로부터 독립하게 되는 경우가 많기 때문이다.

부부관계의 개선 역시 주목해 볼 만하다. D사 노동자들에 대한 설문조사 결과에 따르면, 전체 응답자의 37.6%가 주간연속2교대제 도입 이후 부부관계 개선을 경험했다고 답하였다. 물론 대부분의 자동차 산업 교대제 전환이 실질임금의 큰 삭감 없이 이루어졌다는 것이 주요하게 작용하기는 하였으나, 교대제의 개선 혹은 교대제에서 낮 정상근무로의 전환이 부부관계의 개선에 긍정적인 역할을 하는 면이 많은 것만은 사실로 보인다.

그럴 수밖에 없는 것이, 교대제가 개선됨에 따라 많은 남성노동자들이 그동안 배우자에게 미뤄두기만 했던 가사노동과 돌봄노동의 책임을 조금씩이나마 나누어 질 수 있게 되었기 때문이다.

"옛날엔 (피곤해서) 부대끼는 게 많았잖아요. 서로 그냥 힘들어서 해달라고 해도 못하고. 지금은 이렇게 조금씩 해주니까, 쓰레기도 좀 버려주고, 뭐 방이라도 한 번 닦아주고, 설거지도 한 번 해주려고 생각하고, 그러니까 좋아지죠. 부부 사이. 싸울 일도 없고."
—D사 노동자 인터뷰 앞의 글, 같은 쪽.

"(가사노동을) 거의 반 해야죠. 같이 해야죠. 예전에 내 와이프가 집에 있고 할 때야 안 했는데, (직장에) 다니고부터는 안 할 수가 없잖아요. 특히나 (D사) 근무 형태가 그렇기 때문에. 어떤 때는 내가 밥 해먹어야 할 때도 있고, 집안 청소해야 할 때도 있고, 애기랑 밥 차려서 같이 먹고 치워야 할 때도 있고."

―D사 노동자 인터뷰 ^{앞의 글, 85쪽.}

"창피해서 남자들이라 잘 얘기는 안 하지만, 이야기해 보니까 가사 노동이 늘었다라는 건 다 공히 같아요. 그리고 맞벌이를 또 많이 하니까."

―D사 노동자 인터뷰 ^{같은 쪽.}

종합적으로 볼 때, 많은 노동자들이 늘어난 자유시간을 가족과 함께 혹은 가족을 위해 사용하는 데 할애하였으며, 이는 노동자 본인뿐만 아니라 가족들의 만족과 행복을 높여 준 것으로 확인되었다.

4) 시간의 변화와 삶의 변화

주간연속2교대제 도입으로 인한 시간 사용 패턴의 변화는 D사 노동자들로 하여금 어느 정도 삶의 의미나 가치에 대해 재성찰하고 탐색해 볼 수 있는 계기를 마련해 준 것으로 보인다. '돈 버는 재미' 이외의 다른 즐거움과 가치를 알 수 있는 여력과 여지가 없었던 이전에 비해, 자유시간을 적극적으로 향유하거나 가족과 함께하는 시간을 즐기면서 다른 즐거움과 행복을 알 수 있게 된 것이다. 주간연속2교대제 도입 직후에는 잔업 폐지와 특근 통제에 대한 불만이 상당했으나, 시간이 갈수록 추가적인 금전적 이득보다는 다른 가치들에 보다 주목하게 된 사례들을 통해 이를 확인할 수 있다.

> "이제, 대부분 다 남성분들이잖아요. 술 좋아하잖아요. 오후에 네시
> 에 퇴근을 하면은요, (웃음) 처음에 사람들이 야, 이거 하기를 잘했
> 다고 많이 이야기했던 것 중에 하난데, 3차를 가도 열시예요. (……)
> 그러니까 다음 날 피곤에 쩔어 갖고 출근을 못하는 일들이 없는 거
> 야. 처음에는 사람들이 엄청 먹었어요. 나중에는 계속 그럴 수 없으
> 니까 각자 할 수 있는 것들을 막 찾기 시작하더라고요. 그게, 동아리
> 활동이 좀 나름 강화가 됐고요. 그 다음에 개인적으로 운동하는 사
> 람들도 정말 많아졌고, 어느 순간에 무슨 마라톤 대회에서 풀코스
> 를 뛰는 사람이 막 열 명 스무 명씩 막 돼버리고. (웃음) (……) 식구
> 들하고 하는 시간이 많아졌고. 단편적으로 회사 안에 캠핑족들이
> 그렇게 많이 늘었어요. 혼자 가지는 않을 거 아녜요."
> ―D사 노동자 인터뷰 앞의 글, 82쪽.

여기서 특별히 주목할 점은 주간연속2교대제 도입과 더불어 노
동자들의 의식이 변해 가는 과정이다. D사에서 주간연속2교대제 도
입 논의가 촉발된 배경에는 고용조정에 대한 불안이 있었다. 삶의 질
이나 건강권은 부차적인 문제였다. 그러나 일단 주간연속2교대제를
도입하고 실노동시간을 단축하여 체력의 소진을 줄이고 여유시간을
확보하자, 노동자들의 일상생활을 구성하는 경험들이 달라졌다. 시
간부족과 피로를 이유로 미뤄 두었던 운동을 시작하고, 예전에는 생
각할 수 없었던 취미생활을 시작하고, 가족과 시간을 갖고 보다 적극
적인 상호작용을 하고, 자기계발을 위한 투자를 시작했다. 그렇게 시

간을 계획하고 경험하면서 새로운 활동이 가져다주는 즐거움과 중요성을 알게 되었고, 그러면서 그것의 가치에 새롭게 착목하고 스스로 변화하기 시작한 것이다.

> "사람들이 그때 당시에는 특근들 욕심도 많고 그러니까 몸이 망가지는 것도 모르고 한 건데, 지금 와서는 어떻게 살았냐. (웃음)"
> ─D사 노동자 인터뷰 ^{앞의 글, 83쪽.}

> "옛날에 일에 미쳐 살 때 상상이나 했겠어요. 그게 참 좋더라고요. 행복하니까. 그런 소소한 일상들이 좋으니까. 좀 오바하면 옛날보다는 조금 즐거워요, 출근할 때. 옛날보단."
> ─D사 노동자 인터뷰 ^{같은 쪽.}

물론 이러한 변화는 아직 미약한 수준에 지나지 않는다. 게다가 D사에 이러한 변화에 역행하고자 하는 역동이 존재하는 것 역시 사실이다. 예컨대 어렵사리 확보한 자유시간을 아르바이트 등 제2의 임금노동시간으로 활용한다거나, 특근 통제에 대한 불만과 특근 선호가 여전히 강하게 남아 있다거나, 금전적 보상을 받기 위해 연월차 휴가 사용을 자발적으로 포기하는 것과 같은. 이러한 역동은 노동자들이 지난 수십 년의 역사를 통해 자신의 몸과 정신에 아로새겨진 '더 긴 시간의 노동─더 많은 임금'이라는 작업장의 시간규칙과 경제논리에 여전히 포박되어 있다는 것을 보여 준다. 뿐만 아니라 주간연속2교대제의 도입이 자동차 산업 내에 한정된 흐름이라든가 2·3차업체, 비정규직, 사내하청 노동자들처럼 더 취약한 위치에 있는 노동자들을 충분히 포괄하지 못한 채 이루어지고 있다는 한계를 안고 있는 것 역시 사실이다.

그러나 D사 노동자들이 작업장 시간규칙의 변화를 통해 삶의 변화를 모색해 나가는 초입에 한 발을 내딛었다는 것을 완전히 부정할 수는 없을 것이다. 적어도 D사에서 이루어진 교대제의 전환은 시간의 변화를 통한 삶의 회복 가능성을 보여 주었다. 노동자들은 보다 자유롭게, 적어도 이전에 비해서 '여유'를 가지고 자신의 생활을 통제하고 설계할 수 있게 되었다. 자유시간을 누리고, 여가를 향유하며, 가족과 함께 시간을 보내고, 과거에는 잊고 살 수밖에 없었던 삶의 가치들에 새롭게 눈 뜨며, 변화의 가능성을 연 것이다.

3. 삶의 회복, 그 가능성을 향하여

휴일 없는 교대노동과 야간노동, 심야노동에 익숙해진 노동자들은 그것이 여전히 노동자의 육체적 활력을 과도하게 소진시키고 가족 및 사회와의 단절을 불러올지라도, 오히려 그것을 편안하게 느낄 수 있다. 가보지 않은 세계, 살아보지 않은 세상에 대한 두려움으로 인해 오히려 익숙한 고통을 더 편안하게 느낄 수 있기 때문이다.

그렇지만 D사의 사례에서 확인할 수 있듯, 작업장 시간제도의 변경은 노동자들의 일상생활에 실질적인 변화를 가져다줄 수 있다. 이는 비단 D사에서만 확인되는 사실만은 아니다. 주간연속2교대제 도입 이후 완성차와 부품업체들을 대상으로 한 많은 조사들에서 이와 유사한 일상생활의 변화와 삶에 대한 만족 향상이 확인되었다.

구체적인 교대제 설계의 내용은 회사마다 상이하더라도, 그리고 미완의 변화로 인해 앞으로 남은 과제가 더 많다 할지라도, 노동자들은 '예전으로 돌아가고 싶지는 않다'고 공통적으로 말한다. 주간연속2교대제의 도입이라는 아주 '조금 더 인간적'일 뿐인 변화를 통해서도 노동자들은 알아채고 기억해 내기 시작했다. 작업장의 논리와 이윤의 논리에 매여 살았던 지난 수십 년의 삶이 얼마나 비인간적인 것이었는지 말이다. '어떻게 살았냐'는 것이다. 미치지 않고서야 어떻게 다시 '그 생활을 하느냐'는 것이다. '지금 생각해 보면 끔찍'하다는 것이다. 그렇기 때문에 예전으로 돌아갈 수는 없다는 것이다.

> "옛날로 돌아갈래, 라고 물으면, 안 돌아간다는 거예요. 그렇게 후지게 합의해 놨어도 그만큼 노동시간 단축에 대한 그 효과가 조합원들한테 노동자들한테 미치는 영향은 파급력이 굉장히 크다는 거예요. 이유불문하고 안 돌아간다는 거야. 3개월만 딱 하고 너 옛날로 돌아갈래? 하면 거의 90% 이상이 미쳤냐고 그 생활을 하느냐고."
> ─ 다른 자동차회사 근무 노동자 인터뷰 전국금속노동조합 노동연구원, 「자동차 부품사 주간연속2교대제 시행 현황과 교대제 변화에 의한 영향 연구보고서」, 2015, 100쪽.

자동차 산업에서 최근에 불어오기 시작한 아주 작은 바람에도 노동자들의 몸과 정신은 반응하고 있다. 수십 년간 작업장의 규칙과 논리에 순응하고 적응하고 찌들었대도, 사람들은 목소리를 내고 단호하게 이야기하기 시작했다. 그동안 모르고 지냈던 '내 시간'을 가져보았고, 포기하고 지냈던 일상의 즐거움을 상기할 수 있는 경험들을 했고, 잊고 지냈던 다양한 삶의 가치를 재발견할 수 있는 기회들을 가졌기 때문이다. '후지게 합의'한, 그래서 아직은 문제투성이의, 아주 작은 변화의 경험이었어도 말이다. 이것이 바로 시간의 변화—주간연속2교대제의 도입—가 가져온 가장 중요한 변화 가운데 하나라고 볼 수 있다.

D사의 실험은 작업장 시간규칙의 변경을 통해 노동자들의 일상생활을 변화시킬 수 있으며, 이를 통해 '더 긴 시간의 노동—더 많은 임금'이라는 작업장의 시간규칙과 경제논리에 찌든 우리의 의식과 가치관을 변화시킬 수 있다는 가능성을 보여 주었다는 점에서 중요하다. 그리고 이 모든 변화가 '시간을 둘러싼 투쟁', 즉 '시간의 정치'를 통해 시작될 수 있다는 점을 알려주고 있다는 점에서 중요하다.

이제 이러한 경험과 교훈을 보다 넓은 사회로 확장할 필요가 있다. 교대노동으로 인해 일상의 즐거움을 누릴 기회를 빼앗겼던 노동자들에게 당연한 권리를 되돌려주기 위해, 비인간적 노동시스템인 교대제에 대한 보다 진지한 고찰을 시작할 때이다. 그리고 '시간을 둘러싼 투쟁'을 본격화함으로써 그러한 고민을 보다 가시적인 실험으로 만들고자 노력해야 한다. 그러한 실험의 과정에서 사람들은 점점 더 큰 변화에 대한 소망을 품고, 지금과는 다른 미래를 상상할 수 있는 힘을 얻을 수 있을 것이다.

6장

교대제에
대한

규제와

개선안

6장 교대제에 대한 규제와 개선안

자본에게 교대제는 24시간 중단 없는 생산을 실현하는 매력적인 수단이다. 때문에 소방, 안전, 보건, 치안 등 공공의 필요에 의해 인정되는 영역뿐 아니라, 단지 생산의 양, 자본의 이윤을 늘리기 위한 수단으로 교대제는 보편화되고 있다. 이렇게 교대제가 보편화되고 당연하게 여겨질수록 교대제는 꼭 필요한 것인가? 왜 남이 잘 때 일해야 하고, 남이 쉴 때 일해야 하나? 등에 대한 근본적인 물음이 반드시 필요하다. 그리고 만일 불가피하다면, 교대제로 인한 부정적 영향을 최소화하기 위한 대안과 개선책이 마련되어져야 한다. 본 장에서는 관련 국제기구와 해외의 연구기관들에서 바라보는 교대제에 대한 입장과 대안을 살펴보고, 실제 유럽 각국은 교대제를 어떻게 규제하고 있는지, 한국에서 법적 규제의 현실은 어떠한지, 그리고 대안은 무엇이 되어야 할지 얘기해 보고자 한다. 그것은 무분별한 교대제의 사용을 엄격히 제한하고 교대제가 불가피하다면 야간노동시간을 최소화하며, 건강과 삶에 덜 해로운 교대제를 설계하는 것이다.

1. 국제기구와 해외 연구기관의 권고

1) 국제노동기구 ILO

국제노동기구에서는 교대근무의 부정적인 영향을 의학적 측면과 사회적 측면에서 살펴보고 있다. 다음은 국제노동기구에서 교대근무에 관한 영향을 서술한 내용이다.

> "우선 의학적 측면에서 보면, 야간노동에 종사하는 시간(기간)을 줄이지 않는 한! 교대근무를 순환식으로 하건(아침-저녁-밤-휴가 순), 고정적으로 하건(밤근무만 혹은 저녁근무만), 부정적인 영향을 줄이기 어렵다."

> "교대 시각을 너무 아침 일찍 잡으면 아침 교대자가 새벽 잠을 설치기 때문에 힘들어지며, 너무 늦게 잡으면 밤 교대자가 힘들어진다."

> "사회적 측면에서 보았을 때, 순환식 교대근무의 경우에 아침 교대자, 저녁 교대자, 밤 교대자 중에서 저녁 교대는 자녀와 함께 보낼 시간이 거의 없고, 저녁시간에 이루어지는 각종 사회생활을 영위할 수 없다는 점에서 가장 좋지 않은 형태이나, 아침에 늦잠을 잘 수 있다는 점 때문에 선호되기도 한다. 밤 교대 역시 매우 피로하고 사회생활에 불리하지만, 수당이 높고 낮시간에 개인적인 일을 처리할 수 있는 자유시간이 많다는 점 때문에 노동자들이 참고 일하거나 때로는 선호하기도 한다."

"순환식 교대근무에서 교대의 순환주기를 느리게 하면 가족과 사회생활을 좀더 규칙적으로 할 수 있다는 장점이 있으나, 다음번 휴일이 올 때까지의 기간이 길어서 피로가 누적될 수 있다는 단점이 있다."

기본적으로 어떤 형식을 취하건 야간노동이 노동자의 몸과 삶에 미치는 부정적인 영향을 줄이기 어렵다는 것을 전제로 하기 때문에, 국제노동기구가 교대근무 스케줄과 관련하여 가장 중요하게 제안하는 것은 하루 노동시간을 줄이는 것이다.

"가족과 사회생활을 잘할 수 있도록 교대근무 스케줄을 조정하는 방법은 하루 노동시간을 줄이는 것이다!"

"각국에서 주로 사용되는 근무 스케줄을 살펴보면 8시간 3교대 근무 형태가 많은데, 스웨덴에서 1970년대에 6시간 근무 4교대제를 도입했던 적이 있었는데, 당시 오전6시-정오-오후6시-자정을 기점으로 하는 4교대제 아래에서는 노동자들이 집에서 가족과 함께 식사를 할 수 있었다고 한다."

국제노동기구는 하루 노동시간을 줄인 교대근무를 보완하기 위한 방법을 추가로 더 제안하고 있는데, 야간노동에 종사하는 사람 수 자체를 줄이는 것과 야간노동자들의 근무 환경을 개선하는 것이다.

"아무리 노동시간을 줄인다고 해도 생리학적인 관점에서 볼 때는 만족스럽지 못하기 때문에, 야간노동을 하면서도 건강을 해치지 않기 위한 대안은 없다. 문제를 줄이기 위해 취할 수 있는 것은 두 가지이다. 첫째는 야간노동을 하는 작업자 수를 줄여서, 야간노동의 피해를 입는 사람을 최소화하는 것이다. 이것은 자동화과정을 발전시키기 위한 기술 연구가 필요하다. 둘째는 야간노동자들의 근무 환경을 개선하여 야간작업 중에 느끼는 불편함이나 건강의 유해 요인들을 줄이는 것이다."

그러나 자본가 입장에서는 '유연성'이 떨어지고, 초기에 큰 자본이 들어가는 자동화 등 기술 발전을 활용하는 것보다는, 야간작업자를 채용하는 것이 훨씬 손쉬운 방법이라는 점에서 기술 발전에 의해 그 규모를 얼마나 줄일 수 있을지 매우 회의적이다. 대리운전기사, 앱을 이용한 배달 서비스 등 야간에도 '편리하게' 서비스를 이용할 수 있게 해주는 기술 발전에 따라 오히려 더 많은 노동자들이 야간노동에 노출되게 됐다는 점을 생각하면 기술 발전이 야간 교대근무로 인한 해악을 줄여 주리라는 기대는 순진하다고도 볼 수 있다.

또한, 주당 노동시간의 단축, 전체 생애주기 노동기간의 단축, 더 많은 인력 배치로 더 많은 휴식일을 부여하는 방법을 제안하기도 한다.

"프랑스 노동조합에서는 1970년대에 주당 노동시간을 40시간으로 낮추고 5교대제를 도입할 것을 요구하였으며, 이후 점차 주당 노동시간을 33시간까지 줄이고, 야간노동 수행기간에 비례하여 은퇴 연령을 낮추고(연금은 동일한 수준으로 지급), 근무 체계에 탄력성을 높이고 더 많은 주말 및 휴식을 취할 수 있도록 교대근무 인원을 늘릴 것을 요구하였다."

또한 교대근무와 정규 낮근무를 병행하여 장기간 교대근무로 인한 피해를 줄이는 방법을 제안하였는데, 그 내용은 다음과 같다.

"일정 기간 교대근무를 하다가 정규 낮근무로 이동한다. 낮근무 때는 유지 및 안전 분야의 업무를 하는 등 교대근무 때와는 다른 업무를 맡게 될 수도 있다. 이런 체계는 다양한 교육 훈련이 필요하며, 이를 통해 특정 나이 이후에 이직 또는 업무 전환을 할 수 있는 기회를 확대시켜 준다는 장점을 가진다. 반면, 정신적으로나 육체적으로 교대근무와 정규 근무 사이에서 적응해야 한다는 단점이 있다."

또 다른 방법으로 근무 스케줄에 탄력성을 도입하여 교대노동으로 인한 가족과 사회생활의 장애를 줄이는 방법을 제안하고 있다.

"일정한 시간이 아니라 본인의 의사에 따라 탄력적으로 노동시간을 결정하는 것이다. 단, 이러한 방법으로 노동자의 가족/사회생활을 향상시키려면, 작업장 근무시간만이 아니라 학교 수업시간에도 탄력성이 도입되어야 가족들이 모일 수 있다."

그 외 출퇴근 조건이나 작업장 내의 생활환경 및 식사를 개선하는 방법을 제시하고 있다.

"더 빠르고 편리하게 출퇴근을 보조하거나, 작업장 내 방음 및 쾌적한 실내환경을 조성하고, 영양 공급을 위한 시설을 갖추어 부정적 영향을 최소화하는 것이다."

이런 내용을 근거로 국제노동기구는 교대근무의 스케줄을 정할 때 그 부정적 영향을 최대한 줄이기 위해 다음의 원칙들을 강조하고 있다.

- 규칙적인 순환, 짧은 주기를 유지하라(예를 들어, 아침-저녁-밤-휴가-아침-저녁-밤-휴가).
- 연속해서 근무하는 밤근무를 최대한 줄여라.
- 주말에 쉴 수 있어야 하고, 안 되는 경우 일주일에 적어도 이틀의 전일 휴가가 주어져야 한다.
- 근무 사이에 충분한 휴식이 보장되어야 한다.
- 노동자가 원할 때 근무시간을 변경하거나 주기를 변경할 수 있는 유연성이 보장되어야 한다.

그런데 국제노동기구의 의견에는 야간작업을 수반하는 교대제가 노동자의 몸과 삶을 희생할 만큼 정말 필요한 것인지에 대한 근본적 물음이 없고, 노동시간 단축 문제에 반드시 수반될 수밖에 없는 노동조건의 문제, 즉 임금, 업무량(물량), 인력 충원의 문제가 함께 언급되지 않아 매우 큰 한계를 가지고 있다.

2) 캐나다 국립산업안전보건센터: 노동자가 견딜 만한 교대제

캐나다 국립산업안전보건센터에서는 교대근무의 부정적 영향을 최소화할 수 있는 교대제 설계 방안에 대해 다음의 원칙들을 제시하고 있다.[*]

- 야간근무를 최대한 줄여라. 만약 연속 야간근무 일수가 늘어난다면, 교대근무 사이에 더 많은 휴일을 주어야 한다.
- 순환식 교대근무를 해야 한다면, 2~3일마다 교대할 수 있도록 하라. 교대 주기가 짧을수록 신체 호르몬 교란이 적고 만성피로를 예방할 수 있다.
- 교대근무의 순서는 아침-오후-야간근무 순서로 하고, 반대의 순서로는 하지 마라.
- 아침 6시 이전에 교대하지 않도록 하라. 신체는 일출 직전에 가장 기능이 저하되어 있다. 너무 일찍 교대하면 피로나 수면 부족이 심해지고 사고 위험이 높아지고 불량률도 증가시킨다.
- 근무 중 피로를 회복할 수 있는 충분한 휴식시간을 가져라. 10~15분씩의 휴식시간이 있어야 한다. 일하다가도 아무 때나 자세를 바꾸거나, 기지개를 켜거나, 눈을 잠시 감거나, 다른 곳을 바라볼 수 있는 여유가 있어야 한다.
- 교대 일정은 최대한 간단하고 예측할 수 있어야 한다. 일정에 대하여 미리 교대자들에게 충분히 알려야 한다.
- 가능한 한 노동자 개인의 필요와 선호도에 따라 탄력적으로 운영

[*] 캐나다 국립산업안전보건센터 홈페이지(http://www.ccohs.ca/headlines/text2.html)

할 수 있어야 한다. 가령, 40세 이상의 노동자는 야간근무에 적응하기 힘들 수 있다.

- 업무 특성에 따라 교대 형태를 맞추어야 한다. 가령, 고도의 정신 집중을 해야 하는 작업, 육체적으로 힘든 작업, 유해물질에 노출되는 작업은 보다 짧은 근무와 보다 긴 휴식이 필요하다.
- 노동자의 안전과 편의를 최대화할 수 있는 적절한 시설을 제공하여야 한다. 충분한 조명과 환기, 고립의 최소화, 적절한 구급시설 등은 최소한의 요건이다.

이상의 원칙들은 야간근무를 최대한 피하고, 피로가 최소화될 수 있는 작업환경을 만들 것을 주된 내용으로 하고 있다. 이는 국제 노동기구의 원칙과도 유사한 내용이다.

3) 미국 산업안전보건연구소 NIOSH

미국 산업안전보건연구소에서는 교대근무가 불가피한 노동자들에게 조직적 차원에서 개선할 수 있는 방안과 개인적 차원에서 대처할 수 있는 방안을 제시하고 있다. 우선 조직적 차원에서 교대근무 스케줄을 개선할 수 있는 방안에 대해 다음의 원칙들을 제시하고 있다.NIOSH, *Plain Language about Shiftwork*, 1997, p.21.

- 장시간 근무는 최소화해라.
- 근무시간대별로 길이를 달리하는 것을 고려해라(밤근무를 짧게 한다거나 하는).

- 고정적인 야간근무를 피해라.
- 연속적인 야간근무는 최소화해라.
- 근무시간 사이의 휴식시간은 충분히 보장해라.
- 주말에 휴가를 가질 수 있도록 해라.
- 일을 모아서 하고, 한꺼번에 오래 쉬는 형태는 피하라.
- 근무 시작시간과 끝나는 시간이 적절한지 평가해라.
- 근무 중 휴식시간이 적절한지 평가해라.
- 근무 스케줄은 규칙적이며, 예측 가능하도록 해라.

또한 개인적 차원에서 교대근무의 피해를 최소화할 수 있는 방안들을 제시하고 있다.

● **충분한 양질의 수면을 위한 전략** 대부분의 교대근무자들이 수면과 관련된 문제를 겪고 있거나, 이에 대한 관심을 가지고 있다. 특히 야간근무 후의 수면을 어떻게 취할 것인가에 대한 전략이 필요한데, 사람에 따라 조금씩 다른 전략을 세울 필요가 있다. 어떤 사람은 밤근무 후에 평소보다 1시간 정도 더 수면을 취하는 것이 더 편하다고 느끼기도 하지만, 또 어떤 노동자는 2시간 정도 더 적게 잠으로써 밤근무에서 정상근무로 돌아와서 수면의 질을 좋게 하려는 시도를 하기도 한다.

● **사잇잠** 교대근무자들은 때로는 야간근무 동안 간단한 수면을 취하는 경우도 있다. 이러한 수면은 밤에 졸음을 줄일 수 있는 방법이 되기도 하는데, 적어도 20~30분 이상의 수면이 도움이 되고 그보다 적은 수면은 오히려 졸음을 유발할 수 있다. 그러나 이러한 간단한 수

면이 규칙적인 수면을 대체하지는 못한다.

• **소음 줄이기** 수면을 취해야 하는 시간에 가능한 소음원을 제거해야 한다. 주변 이웃에게도 이 사실을 알려 최대한 협조를 얻어내야 한다. 가능한 침실은 집의 가장 조용한 곳에 위치하도록 해야 한다.

• **잠자기 전 과식과 음주는 피하기** 기름기 있는 음식이나 단음식, 과식은 가능한 피하는 것이 위장장애를 줄일 수 있는 방법이다. 음주는 졸음이 오게 할 수는 있으나 너무 빨리 잠에서 깨게 만들고, 깊은 수면을 취하기 어렵게 할 수 있다.

• **운동** 일반적으로 운동은 육체적, 정신적으로 스트레스와 질병을 이겨내는 데 도움을 준다. 규칙적인 운동은 너무 빨리 지치거나 피곤해하는 것을 예방해 줄 수 있다. 하지만 너무 심한 운동은 육체노동을 주로 하는 노동자들에게는 오히려 해가 된다. 근무 시작 전 20~30분 정도의 유산소 운동이 가장 적절한 운동 방식으로 제안되고 있다. 수면 전 3시간 이내에는 운동을 피하는 것이 좋다.

• **카페인** 커피의 경우 각성효과를 높이는 데 아주 효과적이며, 하루 1~3잔 정도의 양은 건강에도 문제를 일으키지 않는다. 다만, 근무가 시작되기 전이나, 근무 중 앞쪽 시간에 마시는 것이 좋다. 특히 야간 근무의 끝 시간에 커피를 마시게 되는 경우, 이후 수면을 방해하기도 한다. 커피의 양이 많은 경우, 이를 줄이기 위한 노력을 해야 한다. 단계적으로 줄이는 전략을 사용해 볼 수 있다.

이들 미국과 캐나다의 국립연구기관 역시 '노동자에게 백해무익한 교대제를 왜 꼭 해야 하는지'에 대한 근본적인 물음을 던지지 않는다. 생체리듬을 교란시키고 노동의 적응을 어렵게 하여 직장을 잃게 하고, 사회적·의학적 측면에서 여러 부정적 영향을 준다는 사실이 이미 알려져 있는 교대제를 왜 하고 있는지는 묻고 있지 않다.

2. 유럽연합(EU)의 일반 규정 및 유럽 각국의 법령

앞서 소개한 국제노동기구나 해외의 국립 연구기관들의 교대제 개선 권고안이 말 그대로 '권고'라면, 유럽 여러 나라들은 이 중 상당한 내용을 실제 법령을 통해 규범화하고 있다. 유럽연합(EU)과 유럽 각국은 교대제에 수반하는 야간근로에 대해 구체적인 법적 규제를 가지고 있다. 그 법령 규정을 보면, 근본적으로 야간작업을 원칙적으로 금지하거나, 당국의 허가 절차를 거쳐야 가능하도록 규제하고 있다. 또한 불가피하게 야간작업을 하는 경우 그 피해를 최소화할 수 있도록 노동시간을 구체적으로 규제하고 있으며, 휴식과 휴가, 건강검진 제공 등 건강보호 조항 역시 구체적으로 법률로 규제하고 있다.

1) 유럽연합의 야간작업 관련 일반 규정*

① 야간작업자의 하루 노동시간은 8시간을 초과해서는 안 된다.

---

* IARC, *IARC monograph 98*, 2010, pp.582~583.

② 특정한 위험작업, 과도한 육체적 정신적 집중을 요하는 야간작업
   을 하는 경우에도 8시간을 초과해서는 안 된다.

③ 야간작업자는 하루 11시간 이상의 휴식이 보장되어야 한다.

④ 하루 11시간 휴식과 별도로, 7일 중 연속된 24시간의 휴일이 있어
   야 하며, 되도록 일요일에 쉬어야 한다.

⑤ 주당 노동시간은 연장근무를 포함하여 48시간을 초과해서는 안
   된다.

⑥ 1년에 4주의 유급휴가가 보장되어야 한다.

2) 유럽 각국의 야간작업 관련 법령[**]

국가	법령
오스트리아	추가적인 휴식시간: 야간근무 시엔 10분의 유급 휴식시간이 추가 되어야 함. 추가적인 휴가: 1년에 60회 야간작업 시 2일, 5년간 야간작업 시 4일, 15년간 야간작업 시 6일의 휴가가 추가적으로 주어짐. 건강검진을 제공하고, 조기 은퇴를 배려함.
벨기에	원칙적으로 야간노동을 금지하고, 예외적으로 허용함.
핀란드	야간작업을 원하는 사업주는 당국의 허가를 받아야 함.
독일	야간작업은 8시간을 초과하면 안 됨. 건강검진을 배치 전, 그리고 배치 후 매 3년마다 받아야 하며, 50세 이상은 매년 받아야 함.

[**] IARC, *IARC monograph 98*, 2010, pp.583~586.

이탈리아	3세 미만의 자녀를 둔 엄마 혹은 아빠, 12세 미만의 위탁 아동을 둔 부모, 장애인을 돌보는 노동자에게는 야간노동을 강제해서는 안 됨. 임신부터 만 1세 미만의 아이를 가진 엄마의 야간노동은 금지.
포르투갈	야간작업은 8시간을 초과하면 안 됨. 배치 전, 취업 후 무료 건강검진을 제공함.
스페인	야간작업을 원하는 사업주는 당국의 허가를 받아야 함. 야간작업은 8시간을 초과하면 안 됨.
영국	야간작업은 8시간을 초과하면 안 됨. 사업주는 배치 전, 배치 후 무료 건강검진을 제공해야 함.
* 한국	야간작업에 대한 허가제 없음. 야간노동시간 제한 없음. 2014년부터 특수건강검진 실시.

3. 한국의 경우

앞서 살펴본 바와 같이 유럽 각국은 야간노동을 여러 법적 조항으로 규제하고 있지만, 한국은 어떨까? 야간노동을 수반하는 교대근무가 노동자의 안전과 건강을 해치고 일-삶의 불균형을 심화시키며, 삶의 질을 심각하게 저하시킴에도 불구하고, 한국에서는 아직까지 교대근무 형태, 야간노동의 허용 문제, 야간작업자의 노동시간 등 교대제와 야간노동의 사용에 대한 법적 규제가 거의 없는 것이 현실이다. 기업 역시, 규제가 전무한 현실에서 경영 효율 등의 경제적 이유로 교대제와 야간노동을 제한 없이 사용하고 있다. 이를 고려하면 야간노동을 수반하는 교대제 근무를 법적으로 규제하는 일은 반드시 필요하다. 한국의 현실을 좀더 구체적으로 살펴보자.

1) 한국의 법적 규제

첫째, 야간노동 자체를 제한하는 규정은 근로기준법 제70조 '임산부와 18세 미만자의 야간근로를 금지'하는 아주 오래된 규정이 전부다.* 유럽의 여러 나라들처럼 '허가제'와 같은 야간노동의 사용을 최소화하는 규제조치가 필요한데, 이는 기업이 경영 논리로 교대제를 광범위하게 도입하고 있는 한국의 현실을 보았을 때 더욱 그러하다.

둘째, 야간노동이 불가피하다면 야간작업에 노출되는 노동시간을 최소화해야 한다. 즉, 야간노동시간은 최소한 법적 노동시간 이하로 규제되어야 한다.

그런데, 야간노동시간에 대한 규제가 국내에는 전무할뿐더러, 오히려 장시간 노동을 조장하는 아주 나쁜 법제도적·행정적 관행이 존재하여 야간노동시간의 단축을 가로막고 있다. 주 12시간을 초과하여 연장근로를 시켜도 합법임을 명시한 근로기준법 제59조 '근로시간 특례업종'에 관한 조항이나, 연장 근로시간 산정에 휴일 근로시간을 제외시킴으로써 주 68시간까지 초장시간 노동을 가능케 하는 행정부의 관행이 그것이다. 이는 야간노동의 사용을 아주 쉽게 하는 법제도적, 행정적 장치로 기능하고 있다. 기업과 친기업적 보수 관료에 의해 장시간 노동과 야간노동을 합법화하고 있는 것이 한국

---

* 근로기준법 제70조(야간근로와 휴일근로의 제한) "사용자는 임산부와 18세 미만자를 오후 10시부터 오전 6시까지의 시간 및 휴일에 근로시키지 못한다. 다만, 다음 각 호의 어느 하나에 해당하는 경우로서 고용노동부장관의 인가를 받으면 그러하지 아니하다."

의 안타까운 현실이다.

셋째, 야간작업을 하는 노동자의 안전과 건강이 최대한 보호될 수 있는 작업환경을 조성하는 것도 중요하다. 야간노동을 할 때 충분한 휴식을 보장하고 야간노동 후엔 정상적인 신체리듬으로 회복할 수 있도록 충분한 회복기간을 주어야 하는 것 등이 그것인데, 이는 산업안전보건법의 취지에도 부합하므로 사업주의 의무사항으로 규정해야 함에도 불구하고, 이에 대한 법적인 보호규정은 거의 없다.

그나마 산업안전보건기준에 관한 규칙 제81조* '수면장소 등의 설치'와 제669조 '직무스트레스에 의한 건강장해 예방조치'** 가 있지만, 법적 강제력이 없어 교대근무를 하는 야간노동자의 건강 보호에 기여하는 바는 없다고 해도 과언이 아니다.

다만, 2014년부터 야간작업 노동자에게 특수건강진단을 시행하게 된 것은 그나마 다행스러운 일이다.

---

* 산업안전보건기준에 관한 규칙 제81조「수면장소 등의 설치」
　① 사업주는 야간에 작업하는 근로자에게 수면을 취하도록 할 필요가 있는 경우에는 적당한 수면을 취할 수 있는 장소를 남녀 각각 구분하여 설치하여야 한다.
** 산업안전보건기준에 관한 규칙 제669조「직무스트레스에 의한 건강장해 예방조치」
　사업주는 근로자가 장시간 근로, 야간작업을 포함한 교대작업, 차량운전 및 정밀기계 조작작업 등 신체적 피로와 정신적 스트레스 등(이하 "직무스트레스"라 한다)이 높은 작업을 하는 경우에 법 제5조 제1항에 따라 직무스트레스로 인한 건강장해 예방을 위하여 다음 각 호의 조치를 하여야 한다.
　1. 작업환경·작업내용·근로시간 등 직무스트레스 요인에 대하여 평가하고 근로시간 단축, 장·단기 순환작업 등의 개선대책을 마련하여 시행할 것.
　2. 작업량·작업일정 등 작업계획 수립 시 해당 근로자의 의견을 반영할 것.
　3. 작업과 휴식을 적절하게 배분하는 등 근로시간과 관련된 근로조건을 개선할 것.
　4. 근로시간 외의 근로자 활동에 대한 복지 차원의 지원에 최선을 다할 것.
　5. 건강진단 결과, 상담자료 등을 참고하여 적절하게 근로자를 배치하고 직무스트레스 요인, 건강 문제 발생가능성 및 대비책 등에 대하여 해당 근로자에게 충분히 설명할 것.
　6. 뇌혈관 및 심장 질환 발병위험도를 평가하여 금연, 고혈압 관리 등 건강증진 프로그램을 시행할 것.

야간노동자 특수건강진단***

야간노동은 수면장애, 뇌심혈관 질환, 유방암, 소화기 질환 등 다양한 건강문제를 일으킬 수 있어 이를 조기에 발견하고 적극적으로 관리하기 위하여 특수건강진단이 2014년부터 순차적으로 시작되었고, 2016년부터는 50인 미만 사업장까지 모두 특수건강진단 대상이 된다.

특수건강진단의 대상이 되는 야간작업은 6개월간 오후 10시부터 다음날 오전 6시까지의 계속되는 작업을 월 평균 4회 이상 하는 경우, 또는 6개월간 오후 10시부터 다음날 오전 6시 사이의 시간 중 작업을 월 평균 60시간 수행하는 경우이다. 단시간 노동을 하거나 시간제로 일하는 경우에도 이 조건을 충족하면 특수건강진단 대상이 된다.

검진 시행 주기는 야간노동을 처음 시작할 때 야간노동으로 인해 건강상 위험이 크지 않은지 확인하기 위해 배치 전 건강진단을 시행해야 한다. 야간노동을 시작한 후 수면장애 등 야간노동에 적응하지 못할 수 있으므로 6개월 이내에 첫번째 건강검진을 시행하고, 이후에는 매년 정기적으로 건강검진을 한다.

야간노동자 특수건강진단은 특히 수면장애, 고혈압 등 심혈관계 질환, 위궤양과 같은 위장 관계 증상, 유방암 관련 증상에 초점을 맞추어 검사를 시행한다. 이 검사에서 이상소견이 확인되거나 증상이 지속되는 경우, 이에 따른 사후 관리까지 제공해야 한다. 건강진단 이후 취할 수 있는 사후 관리로는 근무 중 진료나 추적 검

*** 산업안전보건연구원, 「근로자 건강진단 실무지침」, 2013.
   이세훈 외, 「야간작업 종사자 특수건강진단 항목 및 진단방법 개발 연구」, 2012.

사가 있고, 야간노동 사이에 충분한 휴식이 가능하도록 교대근무 일정을 조정하거나 야간근무 중 사잇잠 제공, 야간노동시간 단축, 야간노동의 건강 영향에 대한 교육 제공 등이 포함될 수 있다. 야간작업을 수행할 경우 건강 악화의 우려가 심각하거나, 증상 발생 시 자신과 타인의 안전에 심각한 위협이 발생할 가능성이 있는 경우 야간작업을 금지하거나, 적절한 조치가 취해질 때까지 일시적으로 야간노동을 제한할 수 있는데, 이 경우 해당 노동자에게 충분한 설명을 하고 결정해야 한다.

이러한 야간노동 특수건강진단은 야간작업이 노동자 건강에 유해요인이 될 수 있음을 공식화하고, 이를 적극적으로 관리하고자 한다는 측면에서 의미가 있다. 하지만, 지나치게 기계적이고 산술적인 대상 범위 설정으로 인하여 야간작업 노동자 상당수를 배제시킬 수 있는 점은 간과할 수 없는 문제다. 즉, 야간작업 개시 시간을 오후 10시로 정함으로 인해 오후 11시에 교대하는 노동자들(간호직종과 같은)은 대상에서 제외되며, 일상적인 야간작업으로 생체리듬이 깨진 노동자이지만 야간작업 시간이 월 60시간에 미치지 못한다는 이유로 건강진단의 대상에서 제외될 것이라는 점이다.

또 한가지 분명히 해두어야 할 점은 건강진단만으로 야간노동으로 인한 건강장해를 예방할 수는 없다는 것이다. 특수건강진단이 야간노동의 건강 영향을 예방하거나 최소화하기 위한 작업장의 조치들과 병행될 때 소기의 목적을 달성할 수 있을 것이다. 즉, 건강진단 이후 사후 조치로써 집단적·개별적 수준에서 교대제가 재설계되는 등의 조직적이고 구조적인 관리가 적극 도입되어야 한다.

2) 한국 산업안전보건공단의 권고안 '교대작업자의 보건관리지침'

한편으로, 법적 구속력은 없지만, 한국도 ILO, NIOSH, 캐나다 국립 산업안전보건센터의 권고처럼 교대작업자의 건강장해 예방을 위한 작업관리 및 건강관리에 대한 사항을 '권고' 수준의 지침으로 두고 있다. 산업안전보건공단의 '교대작업자의 보건관리지침'(KOSHA GUIDE H-22-2011)이 그것인데, 그 주요 내용을 요약하면 아래와 같다.

교대작업자의 작업 설계를 할 때 고려해야 할 권장사항

- 야간작업은 연속하여 3일을 넘기지 않도록 한다.
- 야간반 근무를 모두 마친 후 아침반 근무에 들어가기 전 최소한 24시간 이상 휴식을 하도록 한다.
- 가정생활이나 사회생활을 배려할 때, 주중에 쉬는 것보다는 주말에 쉬도록 하는 것이 좋으며 하루씩 떼어 쉬는 것보다는 주말에 이틀 연이어 쉬도록 한다.
- 교대작업자, 특히 야간작업자는 주간작업자보다 연간 쉬는 날이 더 많이 있어야 한다.
- 교대 방향은 아침반→저녁반→야간반으로 정방향 순환이 되게 한다.
- 아침반 작업은 너무 일찍 시작하지 않도록 한다.
- 야간반 작업은 잠을 조금이라도 더 오래 잘 수 있도록 가능한 한 일찍 작업을 끝내도록 한다.
- 교대작업 일정을 계획할 때 가급적 근로자 개인이 원하는 바를 고려하도록 한다.

■교대작업 일정은 근로자들에게 미리 통보하여 예측할 수 있도록
한다.

교대작업자의 건강관리를 위하여 사업주가 고려해야 할 사항

■작업장의 조도를 밝게 하고, 작업장의 온도를 27℃가 넘지 않는
범위에서 주간작업 때보다 약 1℃ 정도 높여 주어야 한다.

■사잇잠을 자게 하는 것이 좋다. 이를 위해 적절한 수면실을 남·여
용으로 구분하여 설치하도록 한다.

■규칙적이고 적절한 음식을 제공할 수 있도록 배려해야 한다.

■주기적으로 건강상태를 확인하고 문서로 기록·보관한다.

■교대작업에 대한 교육과 훈련을 실시한다.

■교대작업자의 작업환경·작업내용·작업시간 등 직무스트레스요
인조사와 뇌·심혈관 발병 위험도 평가를 실시하고, 그 결과에 따라
건강증진활동 등 적절한 조치를 실시한다.

물론 일부 부족한 부분이 있지만,* 위의 지침은 교대제를 도입하
고 있는 사업장에서 노동자의 건강과 삶을 보호하기 위한 사업주의
'의무'로, 그리고 노동자의 '권리'로 제시할 수 있는 유용한 활용 방
안이 될 수 있다. 하지만, 최근 보건의료산업에서 야간고정 근무가
늘어나고 있는 현실이 보여 주듯이, 노동자의 권리가 위축되어 있는
현실에서 위의 지침은 강제성 없는, 실현성 없는 권고사항에 지나지

---

* 야간작업은 연속하여 3일이 아닌 2일을 넘기지 말아야 하고, 야간근무 후 아침근무로 들어가기
전 최소 24시간의 휴식이 아니라, 최소 48시간 이상의 휴일을 두어야 하고, 사잇잠(간이수면시간)
을 유급으로 두어야 함을 2002년 민주노총은 고용노동부에 의견서로 제출한 바 있다.

않는다.

　따라서 자신의 이윤을 극대화하기 위해 24시간 '노동'과 '공장'을 사용하려는 사업주의 본능을 규제할 강제성 있는 법적 조치가 반드시 필요하다.

4. 교대제 규제와 개선의 원칙

자본은 교대제와 야간노동을 노동자에게 숙명과도 같은 것으로, 불가항력적인 것으로 만들고 있다. 자본의 탐욕을 위해 노동자의 건강과 삶이 희생되는 것을 막기 위해서는 첫째, 야간노동을 수반하는 교대제의 무분별한 도입을 엄격히 제한하는 법령의 제정이 필요하다. 둘째, 야간노동시간을 줄이기 위한 노동시간 상한제와 같은 노동관련법의 개정도 필요하며, 여기에는 인력 충원, 임금 보존, 노동강도 강화 없는 업무량 조절도 함께 고려되어야 한다. 셋째, 교대제가 불가피하다면, 교대제의 부정적 영향을 최소화하기 위한 여러 조치들이 작업장에서 실현될 수 있어야 한다. 가령, 산업안전공단의 '교대작업자 보건관리지침'이 벌칙 조항이 포함되는 법적 구속력을 지닌 시행령이나 시행규칙 수준으로 법령화될 필요가 있다. 가령, 산업안전보건법과 그 시행령에 법적 구속력을 지닌 '교대근무에 따른 건강장해 예방조치'에 관한 장을 신설하여 규제할 수 있겠다.

　교대제는 노동자의 입장에서 다시 바라볼 필요가 있다. 교대제가 불가피한 절대적 숙명인 것인지, 이윤을 확대하기 위한 자본의 필요에 따른 교대제는 아닌지 보아야 한다. 교대제가 공공의 이익을 위해 불가피하다면 그 영향을 최소화하기 위한 원칙과 방안들이 제대로 제시되고 있는지, 그리고 교대제의 변화와 더불어 수반될 수밖에 없는 임금, 인력, 노동강도와 같은 전체 노동조건의 개선도 함께 고려되고 있는지를 바라봐야 한다.

이런 관점에서 국제노동기구나 미국과 캐나다의 산업안전보건 연구기관에서 제안한 교대제 개선안을 보자면, 이들은 기본적으로 교대제를 불가피한 영역으로 상정하고, 그 부정적 영향을 최소화할 수 있는 방안을 찾는 데 중점을 두어 작성되었다는 것을 알 수 있다. 즉 교대제가 반드시 필요한지 묻는 것이 아니라, 교대제는 불가피하다는 전제 아래 교대제를 가능한 견딜 만한tolerable 것으로 만드는 데 초점을 맞추고 있다.

그리고, 각각의 해결 방안들이 전체적인 노동조건에 대한 고려 없이 단편적이고 기술적으로 제시되고 있는 것 역시 문제이다. 가령, 국제노동기구의 의견에서 교대근무, 야간노동을 최소화하기 위해 필요한 인력 충원, 임금 보존, 업무량 조정 등에 대한 고려 없이 단편적으로 제시되고 있다.

따라서 자본의 공세에 맞서 좀더 나은 노동조건을 확보하고 인간다운 삶을 획득하기 위한 노동자들의 단결된 투쟁이 중요하다. 이를 위해서는 구체적인 일상의 필요를 조직하고, 일상에서 내면화한 자본의 이데올로기를 넘어서야 한다. 즉, 자본에 의해 기획된 노동자의 몸과 삶이 아니라, 노동자 자신이 주체로 서는 것이 필요하다. 그래야 "일하는 이들이 육체적, 정신적, 사회적, 영적으로 행복한 일상을 지내야 한다"는 국제노동기구ILO, 국제보건기구WHO의 국제적 권고를 실천적으로 자리매김할 수 있을 것이다.

5. 불가피한 분야의 교대제, 개선의 원칙

야간노동을 수반하는 교대제는 피해야 하지만, 한편으로 경찰, 소방, 병원 등 공공분야에서 일하는 노동자에게 교대근무는 사회적으로 불가피한 측면이 있다. 좋은 교대제란 없지만, 이들 노동자에게 교대제 노동으로 인한 피해를 최소화할 수 있는 원칙의 제시가 필요하다.

본 자료는 교대제와 관련된 그동안의 노동단체들의 자료와 세계보건기구, 국제노동기구 등 국제단체에서 제시하는 원칙들을 검토하고, 이를 국내 실정에 적용해 본 것이다. 우선 교대제 문제를 언급할 때 다루어지고 있는 범주를 중심으로 서술하였다.

①야간노동

> 가능한 야간노동을 안 하거나, 최소화하는 방안을 찾는다.
> 야간 연속근무는 3일 연속 하지 않도록 한다.
> 고정된 야간노동을 용역, 파견, 하청화 하는 것을 금지한다.
> 야간근무에서 주간근무로 전환될 때는 반드시 휴일을 포함시켜라.
> 40세 이후에는 가능한 주간고정 근무로 전환해라.

교대근무를 꼭 해야만 하는지, 특히 야간노동을 꼭 해야만 하는지 노동자의 관점에서 판단한다. 또한 불가피하다고 판단되는 경우에만 야간노동을 한다. 그리고 신체적으로 야간노동이 힘들 수 있는 경우(고령, 임신, 건강상태 등)에는 야간노동을 최소화할 수 있는 방안을 찾아야 한다. 특히 교대근무의 가장 큰 문제가 야간노동임을 인식하고, 이를 줄이는 노력이 무엇보다 선행되어야 한다.

②노동시간, 노동 참여 인력 문제

> 야간노동을 하는 횟수를 최소화 한다. 이를 위해서는 충분한 인력 확보가 필수적이다.
> 야간근무가 늘어날수록 더 많은 휴일을 부여한다.
> 주 노동시간, 주 최대노동시간을 미리 정해 놓는다.
> 야간노동의 강도와 내용을 달리하여, 실제 참여 인력과 참여 횟수를 줄인다.

야간노동이 불가피한 경우, 야간노동에 노출되는 것을 최소화 해야 한다. 이를 위해 인력이 충분히 확보되어야 하고, 주 혹은 월 노동시간을 정할 때 야간노동으로 허용할 수 있는 노동시간을 미리 정해두어야 한다. 야간노동의 횟수가 많은 만큼 휴일이 많아야 하며, 프랑스의 경우처럼 야간노동을 하는 경우, 소득보장이 이루어지는 조기은퇴도 고려해 볼 수 있다.

③교대가 이루어지는 시간

> 아침 6시 이전이나, 늦은 밤에 교대하지 않는다.
> 교대시간에 교통의 편의를 제공한다.
> 교대시간에 안전의 문제를 보장한다.

교대가 이루어지는 시간은 아직 생체리듬이 완전치 않은 아침 6시 이전에 하지 않아야 한다. 또한 교통이 불편한 시간대에 교대가 이루어져서는 안 된다. 안전의 위험에 놓여져 있는 시간대에는 안전에 대한 대책이 동시에 마련되어야 한다.

④야간 수면

> 야간노동이 이루어지는 동안 가면假眠을 보장한다.

정상적인 생활리듬이 유지되기 위해 야간노동 동안 가면이 이루어져야 한다. 가면은 보통 수면시간의 절반 이하인 경우로 정의한다. 수면을 보장하면 좋지만, 그렇게 하기 힘든 경우 1시간 30분 정도의 수면주기를 고려하여 가면시간을 보장해야 한다. 이때 주어지는 수면은 유급으로 보장한다. 그러나 현실적 여건상 수면을 허용하기 어려운 경우, 충분한 휴식이 보장되어야 한다.

⑤교대주기

> 24시간 격일제 근로(맞교대)는 금지한다.
> 짧은 주기 교대 방식을 선택한다.
> 1주일씩 맞교대하는 방식은 피한다.
> 교대근무와 주간 고정근무를 일정한 시기를 두고 번갈아 실시한다.
> 가능한 정교대 순서를 지킨다.

일정한 형태의 근무시간에 생체리듬이 고정되지 않도록 가능한 짧은 주기의 교대 방식을 선택한다. 1주일씩 맞교대하는 방식은 가장 신체에 부담을 주는 방식이다. 교대근무와 주간 고정근무를 일정한 간격으로 번갈아 실시하는 방식도 시도되고 있다. 그러나 바뀔 때 적응이 어렵다는 문제가 있다. 교대의 순서는 가능한 정교대 순서를 유지한다. 즉 1일째 아침, 2일째 낮근무, 3일째 밤근무의 순서로 근무를 수행한다.

⑥ 휴식시간

> 야간노동 시에는 주간노동 시의 2배 이상, 절대 시간으로 식사시간
> 을 제외한 1시간 이상의 휴식이 보장되어야 한다.
> 근무와 근무 사이에는 최소 12시간 이상의 휴식이 보장되어야 한다.
> 3교대 근무 시 연속 2개의 교대근무를 해서는 안 된다.

연속해서 두 번의 근무를 하는 것은 어떠한 이유로도 허용되어
서는 안 된다. 하루 12시간씩 근무하는 경우, 주 노동시간이 일정 시
간 이상 초과되지 않도록 주의하여야 한다. 근무 사이에 최소 12시
간 이상의 휴식이 보장될 수 있어야 한다.

⑦ 휴일, 사회적 휴일

> 교대근무 시, 최소 1주일에 1일 이상은 반드시 휴무해야 한다.
> 월 1회 이상 주말에 휴일이 보장되어야 한다(사회적 휴일).
> 야간근무에서 주간근무로 바뀌는 경우에는 역일曆日상 24시간(오전
> 0시에서 오후 12시)의 휴일이 보장되어야 한다.

사회생활을 위해 반드시 월 1회 이상의 주말 휴일이 보장되어야
한다. 이를 사회적 휴일이라고 한다. 이를 통해 사회생활을 영위하
고, 가족 구성원과 보낼 수 있는 시간을 보장해 주어야 한다.

현행 근로기준법 제54조에 의하면 사용자는 근로자에 대하여 1
주일에 평균 1회 이상의 유급휴일을 주어야 하는데, 여기에서 1회의
휴일은 역일상 24시간(오전 0시에서 오후 12시)을 의미하는 것이지
만, 교대작업을 하는 경우에 있어서는 근무가 끝난 시점부터 연속 24
시간을 휴일로 인정하고 있다. 따라서 교대근무자에 대해서도 온전

한 1일의 휴가 부여를 주장하는 것이다.

⑧예측 가능한 스케줄

교대 스케줄은 최대한 간단히 하고, 예측 가능하도록 한다.

교대 스케줄을 예측 가능하도록 하여, 노동자가 이를 예측하여 자신의 몸 상태를 조절하고, 사회생활이 원만히 이루어질 수 있도록 지원해 주어야 한다.

⑨교대에 따른 업무 내용 및 형태

야간노동의 경우, 정밀 작업이나 안전에 위험이 있는 작업은 피하거나 최소화한다.
야간노동의 노동강도를 조정한다.

야간노동의 경우, 고도의 정신집중을 해야 하거나, 신체적으로 힘들거나, 유해 물질에 노출되어야 하는 일들의 경우에는 가급적 야간노동을 피하고 주간노동 시 수행할 수 있도록 해야 한다. 불가피하게 야간노동을 통해 수행해야 하는 경우, 짧은 근무와 긴 휴식이 필요하다.

⑩작업 환경

야간노동 시 적절한 조명과 환기, 고립 최소화, 적절한 구급시설 등의 최소한의 요건을 확보한다.
야간노동 시 가면을 취할 수 있는 휴식공간을 확보한다.

야간 교대근무자들에게 빛에 노출되는 형태가 요구되는 스케줄과 내재하는 생물학적 시계 사이의 부조화를 만드는 요인이 된다. 야간근무 시의 어두운 조명과 아침에 퇴근 시 외부의 빛에 노출되는 것 등이 부적응을 초래한다는 것이다. 따라서 야간근무 환경에서도 산업보건기준에 관한 규칙 제265조에서 규정하는 적정 조도를 유지해야 한다.

교대근무는 수면장애뿐만 아니라 위장관계 질환, 심혈관계 질환, 암 발생 등과도 관련이 있다. 야간노동 시 1인 근무는 심혈관계 질환 위험의 증가에서 오는 사고 및 기타 안전사고 등에 대한 대처를 할 수 없게 한다. 따라서 야간근무 시 고립 최소화에 대한 대책이 필요하다. 최근 혼자 근무하시는 분이 응급상황에 놓여진 후 적절한 구조가 이루어지지 못해 사망한 채 아침에 발견된 사례 등이 있어, 이러한 상황을 예방하기 위해서라도 고립된 형태의 근무는 없어야 한다. 또한 안전하고 편안한 휴식공간을 마련해야 한다.

⑪임금

> 야간노동은 더 많은 임금을 받아야 한다. 그러나 야간노동을 해야만 실질임금이 보장되는 것은 막아야 한다. 임금 때문에 야간노동을 해야 하는 상황은 없어야 한다. 주간노동을 통해 실질임금이 보장되는 투쟁이 우선이다.

교대근무, 특히 야간노동을 좋아서 하는 사람은 없을 것이다. 대부분 야간노동을 통해 상대적으로 높은 임금을 받게 되는 것이 야간노동을 하려 하는 이유가 되고 있다. 임금과 결부되어 수행되는 야간

노동은 최대한 줄여야 한다.

⑫고령, 임산부 등 민감 집단에 대한 배려

> 임신 중에는 야간근무를 원칙적으로 금한다.
> 40세 이후에는 야간근무를 가급적 피한다.
> 심혈관 질환, 위장장해, 수면장해, 간질, 야맹증 등이 있는 경우, 가급적 야간근무를 피한다.
> 건강상의 이유로 교대근무에 적응하지 못하는 경우, 적정배치를 위해 노력한다.

야간노동 부적응자에 대한 배려, 야간노동을 통해 건강악화가 우려되는 노동자에 대한 보호가 이루어져야 하고, 이를 명확히 명시하여야 한다.

교대근무자는 나이에 상관없이 건강, 안전, 생산성 측면에서 부정적인 영향을 받지만, 나이든 교대근무자는 이런 부정적인 영향을 더 크게 받는다. 적절한 수면을 취하는 것이 모든 연령의 교대근무자에게 문제가 되지만, 나이든 교대근무자에게 이 문제는 더욱 심각해진다. 고령근로자들이 교대근무를 잘 수행하기 어려운 가장 큰 이유는 야간 교대근무자에게서 필요한 낮시간 동안에 잠을 유지하는 능력이 나이가 들어가면서 손상되어, 주간에 수면을 취하기 어려워지기 때문이다.

인간은 대부분의 다른 생물과 달리 규칙적으로 야간에 잠을 자고 주간에 깨어 있다. 이런 기능은 신체 순환주기계circadian timing system와 항상성 수면-각성계homeostatic sleep-wake system의 상호작용으로 이루어지는데, 이는 나이가 들어감에 따라 변하여 야간에 수면을 유지하기 어렵게 되며, 심지어 건강한 사람에게서도 이런 상황이 발생한다.

여러 번 강조했듯, 교대제가 불가피한 공공영역에서 이러한 원칙들을 모두 지켜 나가기 위해 노력하는 것을 단순히 '좀더 나은 교대제'를 만드는 것으로 폄하할 수는 없다. 이런 모든 원칙이 지켜지기 위해서는 인력 확보가 필수적이고, 인력 확보 없는 교대제 개선은 불가능하다.

7장

교대제, 대응과 과제

7장 교대제, 대응과 과제

지금까지 살펴본 것처럼 교대제는 노동자의 몸과 삶을 황폐화한다. 야간근무는 체온 조절, 스트레스 조절, 심혈관계 기능, 소화효소 분비 등 다양한 하루주기 리듬을 교란시켜 노동자의 건강에 악영향을 미친다. 가장 대표적이고 즉각적으로 나타나는 것이 불면증이나 주간졸림증 같은 수면장애와 집중력 저하와 피로감으로 인해 발생하는 안전사고다. 야간근무나 교대근무 중에는 안전사고 발생 위험이 뚜렷이 증가한다. 이런 즉각적인 악영향 외에도 교대근무는 장기적으로 스트레스, 건강행동 변화, 생리적 변화를 일으켜 뇌심혈관계 질환, 유방암을 비롯한 암 발생 위험, 우울증과 같은 정신질환 위험도 높인다. 우리나라에서도 장기간의 교대근무로 인한 뇌심혈관 질환, 정신 질환, 수면장애, 유방암 사례가 산업재해로 인정받기도 했다. 게다가 고령노동자, 임산부, 만성 수면장애나 심각한 소화기 질환 또는 허혈성 심장 질환 등을 앓는 노동자들은 교대근무의 이런 영향에 더 취약하다.

그런가 하면 정상적인 낮시간을 벗어나, 사회의 일반적인 시간 리듬과 엇갈려 배치되는 노동시간은 교대노동자와 그 가족들의 건강뿐 아니라 일상생활에도 수많은 문제들을 초래한다. 사회의 정상적인 시간리듬과 다르고, 교대제에 종사하지 않는 다른 가족구성원들과도 시간리듬이 어긋나 정상적이고 안정적인 가족생활과 사회생활을 꾸려 나가는 것이 불가능해지기 때문이다. 누군가의 표현대로 가족들이 '서로 다른 회전목마'에 타고 있는 셈이라 가족들과 함께할 시간이 절대적으로 부족하다. 가족들과 한끼 식사조차 제대로 할수 없는 상황은 상실감과 고립감으로 이어진다. 게다가 이런 상실감과 고립감은 가족을 넘어 사회관계 전반으로 확장된다. 근무시간 때문에 주요 행사 모임에 참석하지 못하는 일이 비일비재하고 이로 인해 인간관계가 소원해졌다는 얘기는 교대근무자들에게서 쉽게 들을수 있다. 이렇게 가족, 취미, 사회적 관계, 봉사, 정치활동 등 삶의 나머지 전 영역에서 운신의 폭을 제한당한 노동자들에게 현실적으로 허락된 것은 작업장에서의 시간뿐이다. 남는 것은 일상을 포기하고 작업장의 시간리듬에 맞춰 근근이 이어 가는 시간 빈곤의 삶이다.

그래서 국제노동기구에서는 야간노동시간을 줄이는 것, 하루 노동시간을 줄이는 것 외에 교대제가 노동자의 몸과 삶에 미치는 해악을 줄일 수 있는 대안은 없다고 말한다. 더불어 연속 밤근무를 최대한 줄이고, 야간근무 사이에 충분한 휴식을 보장하며, 노동자가 원할 때 근무시간을 변경할 수 있는 자율성을 보장해야 한다는 등의 내용을 권고하고 있다. 유사하게 노동자의 몸과 삶에 해악을 미치는 교대제를 완전히 없앨 수 없다는 것을 전제로, 불가피한 교대제에 대해 그나마 그 폐해를 줄이기 위한 제도적 노력이 각국에서 다양한 수준으로 이루어지고 있다. 한국에서도 야간노동이 노동자 건강의 유해요인이 될 수 있음을 공식화하고, 2014년부터 야간노동자를 대상으로 특수건강진단을 시행하고 있기도 하다. EU에서는 야간작업을 하는 경우 연장근무를 금지하고, 근무 중 휴식시간을 반드시 보장하게 하거나, 교대근무자에게 1년에 4주의 유급휴가를 보장하도록 하고 있다. 일부 유럽 국가에서는 상시적으로 야간작업을 하고자 하는 경우 허가를 받아야 한다든가, 야간노동 배치 전후에 무료 건강검진을 하는 등 이보다 진일보한 규정들로 교대제 노동을 엄격하게 관리하고 있기도 하다.

여기까지가 앞선 장에서 살펴본 교대제의 영향과 이에 대한 국가 수준의 규제와 개선을 위한 제안들이다. 그러면 우리는, 노동자는, 우리의 몸과 삶을 좀먹는 야간노동과 교대제의 문제에 어떻게 대응할 것인가? 교대제 노동의 가장 전형적인 형태인 자동차 산업에서 진행한 주간연속2교대제의 이행 실태를 통해 교대제 변화를 둘러싼 노동과 자본의 대응, 그리고 남겨진 과제에 대해 이야기하고자 한다.

1. 자동차 산업에서 주간연속2교대제 도입, 남겨진 과제

1) "심야노동 철폐" 사회적 어젠다, 그리고 물량 연계 임금구조

24시간 생산해야 하며, 24시간 소비하도록 만드는 자본주의 사회에서 심야노동은 지속적으로 확대되고 있다. 경찰, 소방, 보건의료 등 필수 공공서비스를 제외하고 심야노동을 반드시 해야 하는 경우는 거의 없다. 사회에서 필요한 노동을 위해서가 아니라 더 많은 생산과 소비를 위해 지속적으로 심야노동이 만들어지고 있다.

낮에 8시간만 일해도 생활임금을 받을 수 있는 일자리가 있다면 자신의 생체리듬을 깨뜨리며 밤을 새우며 일하려 할까? "밤에는 집에 가서 자야 한다" "심야노동 철폐"를 사회적 어젠다로 만들기 위한 노력이 진행되었다. 제조업에서는 노동시간 단축과 일자리 나누기라는 명분으로 IMF 경제위기 이후에 당시 오랜 시간 동안 유지되어 오던 12시간 맞교대노동을 개선하려는 움직임이 시작되었다. 그동안 노동자의 건강과 삶을 위협했던 교대의 방식을 바꾸고, 생활임금을 유지하기 위해 장시간 노동이 불가피했던 노동시간 구조를 깨기 위한 움직임이었다.

그런데 밤에 집에 가서 잘 수 있는 근무 형태를 만들자는 주장에 대한 노동 현장의 반응은 어떠했을까? 노동자들이 가장 먼저 하는 질문은 "임금 문제는 어떻게 되느냐"였다. 노동시간이 줄어들면 임금이 줄어들 텐데, 좀 힘들더라도 임금은 유지되어야 주택 마련을 위한 부채도 갚고, 아이들 대학 학비도 낼 수 있다는 주장이었다.

생활임금 확보, 기본급 확보가 이루어지지 않는다면 교대제 개선과 노동시간 단축은 노동자가 반대하는 상황이 벌어질 수밖에 없었다. 심야노동을 없애자는 주장은 노동운동에서 중요한 과제가 되었고, 원칙적인 동의를 얻어 나가고 있었지만, 현장에서 이를 실현하는 과정에서 현실적인 저항에 부딪히게 되었다. 이미 오랜 시간 유지되어 온 노동시간 연계, 물량 연계 임금구조가 교대제 변화를 만들어 내는 데 가장 큰 장애요인이 되고 있었다.

2) 20년 주야맞교대 장시간 심야노동의 벽이 허물어지다

2005년 현대차에서 2009년 주간연속2교대 실시를 합의한 이후, 2013년 기아, 현대차에서 주간연속2교대제가 시행되었다. 오전 7시에 근무가 시작되어, 오후 3시 40분에 오전조 근무가 끝나고, 이때부터 새벽 1시 30분까지 오후조 근무가 진행되는 '8+9'시스템, 즉 오전조 8시간, 오후조 9시간 근무체계로 바뀌었다. 잠은 집에 가서 잘 수 있게 변화가 되었고, 오전조 근무를 하는 노동자는 오후 3시 40분이 되면, 퇴근을 할 수 있게 되었다. 오랜 시간 동안 일하는 것이 전부였던 노동자들에게 '시간'이 주어지게 되었다. 교대제 변화 이후 노동자들은 취미생활을 하기도 했고, 가사노동의 시간을 늘리기도 했다. 운동을 하며 건강관리를 하거나, 가족과 보내는 시간을 늘리기 시작했다. 건강과 삶에 있어 긍정적인 변화가 확인되었다.

완성차 회사에 이어 자동차 부품사들에서도 교대제 변경이 진행되었고, 2015년 7월까지 30여 곳의 부품사들이 주간연속2교대를 실시하였다. 임금이 줄어들 거라고 생각해서 반대했던 노동자들도 자신에게 주어지는 시간의 여유를 만끽하였다.

3) 교대제 변화와 노동강도를 맞바꾸고 있다

그런데, 노동시간의 문제는 절대적인 노동시간, 교대제와 같은 노동시간의 배치 문제뿐 아니라, 노동의 밀도, 즉 노동강도의 문제를 반드시 고려해야 한다. 한국노동안전보건연구소와 금속연구원이 함께 조사한 자동차 부품사 노동자 대상 면접 및 설문 결과에 의하면, 조사대상 사업장 모두에서 노동시간이 줄어들고, 임금은 대부분 보존

되었다. 노동시간은 줄어들었고 설비에 대한 투자가 없었음에도 불구하고 교대제 변경 이전의 물량은 유지가 되었다. 노동강도가 강화된 것이다.

교대제의 변화와 노동시간의 단축은 분명 긍정적인 측면이 있지만, 노동자들에게는 오히려 단위 물량당 임금, 단위 노동강도당 임금은 줄어든 결과가 발생하였다. 당장은 노동시간이 줄어든 효과로 인해 부각되지 않을지 모르지만, 생산성 향상의 성과가 노동과 자본에게 동등하게 분배되지 못한 결과, 노동자는 여전히 힘들거나, 주어진 한도 내에서만 타협을 해야 하는 상황이 벌어진 것이다. 임금은 유지하되, 노동강도는 늘어나는 (물량은 유지되거나 늘어나는) 타협과 선택을 했던 것이다.

노동시간 단축과 맞바꿀 어느 정도의 여유가 있었던 완성차와 달리 이미 노동강도가 높은 상태에 있었던 부품사에서는 노동강도의 증가는 노동시간 단축과 심야노동 단축의 효과를 상쇄할 만큼의 큰 위협이 될 수도 있음을 확인하였다. 또한 노동시간 단축이 지속적인 과제가 되어야 하는 노동자들에게 노동강도를 내주고 노동시간의 단축을 가져오는 이러한 방식의 타협은 지속되기 어려운 과제가 될 수밖에 없다.

일부 사업장에서는 특근 감소 등으로 실질적인 임금의 하락이 동반되었다. 노동강도의 증가로 특근을 안 해도 교대제 변경 이전 만큼의 생산량을 유지할 수 있었던 것이다. 특근을 해서 임금을 이전 수준으로 맞추고 생산량은 오히려 더 늘어나는 사업장도 있었다. 자본에게는 물량만 확보된다면 교대제가 어떻게 변경되든 그건 2차적인 문제가 되는 것이다. 오히려 교대제 변경을 통해 그동안 노동자들이 투쟁의 성과로 확보해 놓은 숨은 여유율까지 찾아내어, 합리적 조정이라는 이름으로 노동자들의 노동강도를 높이고 있다.

4) 우리에게 놓여진 과제, 다시 심야노동 철폐와 노동시간 단축이다

장시간 노동과 심야노동을 하는 이유는 주간에 8시간만 일해서 생활임금을 받기 어려운 구조이기 때문이다. 8시간만 일해도 생활임금을 받을 수 있도록 임금인상, 월급제로의 전환 등이 필수적으로 이루어져야 현재 주간연속2교대로 전환한 효과가 나타날 수 있다. 또한 현재 주간연속2교대로의 변화는 노동시간 단축과 심야노동 철폐를 위한 출발지점이 되어야 한다. 그것도 여전히 많은 과제를 안고 출발점에 서 있는 것이다. 지속적으로 이러한 과제를 실현할 수 있는 현장의 동력이 마련되어 있는지 확인해야 한다. 8+9, 더 나아가 8+8에 안주할 것이 아니라 적어도 인간다운 삶과 건강을 유지할 수 있는 생활이 이루어지기 위해서는 7+7, 할 수 있다면 교대제 없는 노동이 이루어질 수 있도록 과제를 설정해 나가야 한다. 또한 '심야노동 철폐'가 금속노조를 넘어, 실질적으로 전 사회에서 주목하는 의제가 될 수 있도록 사회화하는 과정이 필요하다. 하여, 우리의 과제는 다시 심야노동 철폐와 노동시간 단축이다.

2. 교대제 대응의 원칙

노동시간과 휴식시간의 배치, 근무전환 방식, 조업시간 길이와 야간·주말노동 유무, 규칙성과 예측 및 조절 가능성은 교대근무 형태를 평가할 때 최소한으로 고려해야 할 요소들이다. 이런 항목들에 대해 검토하지 않은 채 단순히 몇 조 몇 교대로 바꾸는 것이 낫다고 말할 수는 없다.

그렇다고 이런 항목들을 모두 검토한 결과 '더 나은 근무 형태'를 취한다고 해서 교대제를 제대로 '개선'하는 것도 아니다. 교대제를 변경하면서 임금, 인원, 생산량이나 생산속도, 외주화나 비정규직화, 자본의 현장 통제 및 감시 등 전반적인 노동조건이 어떻게 변할 것인지를 꼼꼼히 따져 봐야 한다. 이런 요소들이 나아지지 않거나, 심지어 후퇴한다면 아무리 좋은 근무 형태로 바꾸더라도 결코 노동자를 위한 개선이 될 수 없다. 최근 주간연속2교대제로의 변경이 근무 형태의 개선임은 분명하지만, 노동강도 강화와 비정규직화 등이 동반되었는지 확인될 필요가 있다. 자본은 언제나 교대제 변경을 명분삼아 생산성을 높이고 이윤을 극대화하기 위한 계획을 세우고 있다. 여기에 생산속도, 외주화와 비정규직화, 자본의 현장 통제 등의 내용이 교대제 개선 방안에 교묘하게 들어가게 되는 것이다.

결국 노동자에게 교대제 개선이란 노동시간과 근무 형태를 비롯하여 노동조건 전반을 바꾸어 얼마나 더 인간답게 일하고 얼마나 더 사람답게 살아갈 수 있도록 일터를 개선할 것인가의 문제라고 할 수 있다. 자본이 교대제 개선을 명분삼아 생산성 향상과 노동강도 강화를 실현하지 못하도록 방어하고, 더 나아가 노동자들의 건강과 삶의 제반 권리들을 위한 '진정한 개선'이 될 수 있도록 노동이 주도하기 위한 노력이 필요하다.

1) 이윤의 논리를 넘어, 건강하고 인간다운 삶을 위하여

그 노력 중 가장 중요한 것은 교대제 개선의 방향과 목표를 분명히 하는 일이다. 노동자를 위한 교대제 개선의 방향은 '건강한 삶과 인간답게 살 권리를 확보하는 것'이다. 가장 경계해야 할 것은 '생산성 향상' 이데올로기이다. 정부와 자본의 교대제 변경 목적은 생산성 향상을 통한 경쟁력 강화에 있기 때문에, 이를 관철하기 위해 고용과 임금을 협상카드로 제시할 가능성이 높다. 특히 '교대제를 개선하는 대신 임금은 줄이자'거나 '교대제를 변경해서 고용을 보장해 줄 테니 노동강도를 높이자', '생산량은 유지해야 하니 잔업, 특근은 하도록 하자' 또는 '교대제를 개선하는 과정에서 필요한 인력은 비정규직으로 하거나 외주화하자'는 자본의 제안을 경계해야 한다. 당장 다른 대안이 없으니 어쩔 수 없지 않느냐거나, 심지어 이 정도면 괜찮은 편 아니냐고 생각하면서 자본의 요구를 수용하는 순간, 더 큰 곤경과 고통으로 향하는 문으로 들어서게 된다.

가까운 사례로 주 40시간 노동제에 대한 우리 사회의 경험을 되새겨 보자. 주 40시간 노동제의 진정한 취지는 노동시간을 단축하고 생활임금을 확보해서 인간답게 살아보자는 것이다. 그러나 실제로는 '그래도 생산량은 채워 줘야 회사가 살 수 있는 것 아니냐'나, '임금체계 개편이 당장 가능하겠냐, 일단 잔업특근 안 하면 어떻게 먹고 사냐'라는 현실 논리에 밀려 여전히 세계 최장시간의 노동을 하고 있다. 그 결과는 무엇인가. 4,50대는 물론 30대 젊은 노동자마저 과로사로 죽어가고 있다.

이런 경험과 결과는 옛 동화 「햇님 달님」에 나오는 떡장수 아주머니와 호랑이의 이야기를 떠올리게 한다. 어린 오누이를 먹여 살리기 위해 떡을 만들어 산 너머 장터에 가져가 파는 떡장수 아주머니가 어느 날 떡을 팔고 돌아오는 산길에서 호랑이를 만났다. 호랑이는 아주머니의 목숨을 단번에 끊을 수 있을 만큼 날카로운 이빨과 발톱을 내보이면서 '떡을 하나 주면 안 잡아먹겠다'라고 위협했다. 떡장수 아주머니는 집에 가져가서 아이들의 주린 배를 채워야 할 귀한 떡 한 덩이를 내주고 위기를 모면했다. 하지만 다음 고개를 올라서자 호랑이는 또다시 똑같은 협박을 했고, 한 고개 한 고개 넘을 때마다 아주머니는 떡을 한 덩이씩 내주어야 했다. 마침내 더 이상 내줄 떡이 남지 않자 호랑이는 인정사정없이 아주머니를 잡아먹고 말았다.

노동자에게 목숨과도 같은 고용을 끊임없이 위협하면서 '잔업 특근 다 해줘야 고용을 지켜줄 수 있다', '물량이 적을 때는 임금 삭감을 감수해야 고용을 보장할 수 있다', '외주화와 비정규직 도입을 수용해야 고용을 보장할 수 있다', '파업을 자제해야 고용을 보장할 수 있다'라고 협박하는 자본의 모습이 옛 동화에 나오는 호랑이 같지 않은가. 이런 협박 앞에서 어쩔 수 없다는 이유로, 혹은 그나마 고용을 지킬 수 있는 게 어디냐며 노동자의 권리, 인간의 권리를 하나하나 내주는 것은 결국 고용은 물론 노동자의 삶, 인간의 삶 전체를 내주는 수순 밟기에 지나지 않는다.

동화 속 떡장수 아주머니에게 잘못이 있다면 살코기에 굶주린 호랑이의 주린 배를 떡 몇 덩이로 채울 수는 없다는 사실을 미처 생각하지 못하고, 당장의 고비만 모면하려 했다는 점이다. 그러나 호랑이를 때려잡을 기세를 만들지 않는 한, 호랑이로부터 목숨을 지킬 방법은 없다. 마찬가지로 이윤에 굶주린 자본의 탐욕 역시 당장 몇 가지를 양보한다고 해서 충족시킬 수는 없다. 하나씩 내주면 내줄수록 더 많은 것을 요구하고, 더 많은 것을 착취하려 든다. 그렇다면 '생산성 향상'이라는 자본의 이데올로기 앞에 인간답게 일할 권리, 인간답게 살아갈 권리를 하나씩 내주는 것이 아니라, 더 힘을 모아 이에 저항할 기세를 만드는 것만이 노동자가 제대로 살 수 있는 길이다. 그 어떤 논리와 이데올로기 앞에 굴하지 않고 '건강한 삶과 인간답게 살 권리'라는 방향을 굳게 세우는 일이 가장 중요한 이유가 여기에 있다.

2) '덜 가혹한 교대제 만들기', '교대노동자 보호하기'를 넘어서자

교대제 개선의 방향과 목표를 분명히 하되, 또 한 가지 경계해야 할 것은 '일단 지금보다는 조금 덜 가혹한 교대제로 만드는 것이 현실적이다'라거나 '지금의 역량으로는 우선 고생하고 있는 교대근무 노동자들을 보호해 주는 것부터 시작할 수밖에 없다'라며 교대제 문제를 다른 노동조건들과 분리하고 근무 형태 문제로 협소화시키는 것이다.

교대근무 시 휴식의 보장, 예측 가능한 스케줄 보장, 연속 야간근무의 금지 등 좀더 나은 교대 형태를 제안하는 다양한 개선안들이 제시되고 있다. 이러한 개선안에는 국제노동기구, 각국의 노동단체뿐 아니라, 국내 민주노총에서도 유사한 '교대근무자 보호조항'을 제시하고 있다. 이러한 최소한의 보호규정은 그야말로 최소한의 규정일 수 있다.

수많은 제조업 사업장에서 하루 12시간씩 주당 70여 시간을 노동하는 주야맞교대가 일반화되어 있는 것이 엄연한 현실이고, 하루 아침에 이 현실을 뒤집을 수 없다면, 조금이라도 '덜 가혹한' 교대제를 위한 대책도 의미 있는 일이기는 하다. 그러나 교대제는 전체 노동환경 속에서 다양한 요소들과 맞물려 작동하는 노동조건의 일부분이다. 노동환경 전체에 대한 통찰과 그 속에서 교대제가 어떻게 작동하고 있는지를 살펴 대응하지 않는다면 교대노동자 보호조항은 아무런 힘을 발휘하지 못하고 사문화될 뿐이다.

즉, '덜 가혹한 교대제 만들기'나 '교대노동자 보호하기' 수준의 대응만으로는 이미 현실에서 벌어지고 있는 상황에 대처할 수 없다는 것이다. 어떤 자본은 교대제 개선을 회피하며 고전적 패러다임을 고집하고, 또 다른 자본은 뉴패러다임 혹은 그와 유사한 입장에서 교대제 개선을 명분 삼아 노동강도를 강화시킬 온갖 구조조정을 정당화하려 하고 있다. 이대로 자본의 이윤을 향한 탐욕 앞에 노동시간 단축의 의의가 유실되는 것을 지켜보고만 있을 수는 없다. 왜냐하면 노동시간 단축의 의의를 잃는다는 것은 곧 노동자의 건강과 삶, 인간답게 살아갈 권리를 잃는 것이기 때문이다.

3) 교대제 개선 운동에 대한 몇 가지 제언

그렇다면 '덜 가혹한 교대제 만들기'나 '교대노동자 보호하기'를 넘어서 노동자의 건강과 인간다운 삶을 향한 교대제 개선 운동을 만들어 간다는 것은 무슨 뜻일까. 교대제 개선 운동에서 놓치지 말고 견지해야 할 지점들을 확인해 보자.

첫째, 노동시간의 길이는 '1일 8시간에서 그 이하'로 단축해야 한다. 하루 8시간 일하고 8시간 잠을 자자는 것이 8시간 노동쟁취 투쟁 당시(19세기 말 20세기 초)의 정신이었다. 당시의 생산력 수준이 이미 그것을 보장할 수 있었다. 지금은 어떤가? 케인스는 이미 20세기 초에 "20세기 말에는 노동자들이 1주 28시간 정도만 일해도 충분할 것"이라고 계산했다. 역사의 시계바늘을 거꾸로 돌리려는 것이 아니라면, 실노동시간을 하루 8시간 이상으로 허용해서는 안 된다. 이는 또한 노동시간을 충분히 단축시킬 수 있을 만큼 사회적 생산력이 발전해 왔건만 정작 노동시간은 줄어들지 않고 실업 또는 반실업 인구만 늘어나는 현실을 바꾸어 낼 새로운 사회 전망을 세워 나가는 과정이기도 하다.

둘째, 주당 근무일수나 주당 노동시간에 상한선을 두고 교대제를 개편하되 반드시 하루 노동시간의 길이를 함께 제한해야 한다. 변형노동시간제가 존재하는 한, 주당 40시간의 제한이 있다고 하더라도 하루 노동시간을 비인간적인 수준으로 늘릴 수 있는 막무가내식 변형이 가능하기 때문이다. 변형노동시간제는 노동시간을 사회적으로 규제하여 노동자의 건강과 삶을 지키기 위한 최소한의 한계를 설정해 둔 취지를 심각하게 훼손하고 있다. 그렇다면 교대제 개선운동은 노동자의 몸과 삶이 어떻게 되건 자본의 필요에 따라 마음대로 장시간 노동을 강요할 수 있도록 하려는 변형노동시간제의 취지를 무력화하는 데 초점을 맞추어야 한다.

셋째, 교대제 개선이나 노동시간 단축을 자본이 줄기차게 요구하고 있는 유연화나 구조조정과 맞바꿔서는 안 된다. 자본의 논리대로 당장에 교대제의 변화와 약간의 노동시간 단축이 이루어질 수 있겠지만, 이를 수용하는 순간 노동자의 몸과 삶은 자본의 기획 아래에 놓일 수밖에 없고, 이후 유연화와 구조조정은 자신을 향한 칼날이 될 수 있다.

넷째, 자본의 '경쟁력 논리'를 대체하는 노동자의 '연대의 논리'를 기반으로 해야 한다. 치열한 세계시장 경쟁에서 지금 노동조건 전반을 개선하는 것이 가능키나 하겠냐, 적어도 당장은 어려울 테니 우선 정규직만 하자, 현 근무자들에 대해서만 적용하자 등등 교대제 개선의 적용 범위나 적용 시기를 놓고 자본은 어떻게든 노동자를 분리하려 들 것이다. 이럴 때 자본의 명분은 늘 '경쟁력'이다. 노동자를 위한 교대제 개선이란 이런 자본의 논리에 타협하지 않고 '연대의 논리'로 돌파하는 것이다.

다섯째, 교대제 개선 운동은 유연생산체제를 공고히 하기 위해 만들어진 법과 제도들에 맞서야 한다. 그래야 제대로 교대제를 개선할 수 있다. 애초에 문제가 많은 법안을 더 개악하려 들고 있는 비정규노동자 관련 법안 등이 제대로 바뀌지 않으면 교대제 개선은 반쪽짜리 개선이 될 수밖에 없다. 또한 노동시간 특례규정을 통해 장시간 노동을 합법화하거나 휴일근무를 주간노동에 포함하지 않는 해석 등에 대한 맞서는 투쟁이 있어야 한다. 이러한 법안과 제도가 현재 상태로 작동된다면 교대제 개선 투쟁은 언제든지 소수만을 위한 기득권 싸움으로 변질될 위험이 있다. 교대제를 개선하고 인간다운 노동조건을 만들기 위한 싸움은, 이런 잘못된 법과 제도들의 폐해를 알리고 대중적 요구로 제기하는 과정을 담아내야 한다.

마지막으로, 교대제 개선은 노동조건의 후퇴나 노동강도 강화가 없고, 생활임금 보장을 전제로 한 노동시간 단축과 근무 형태 개선이 되어야 한다. 즉, 일주일 혹은 하루의 실제 노동시간을 줄여야 함은 물론이고, 작업량이나 작업 속도, 담당 업무의 종류를 줄이는 등 총체적인 노동밀도를 낮추어야 한다. 이것이 가능하기 위해, 연장근무에 의존하지 않고도 생활할 수 있는 임금체계와 임금 수준도 확보해야 한다. '연장근무 없이도 생활할 수 있는 삶'을 기준으로 임금체계와 임금수준을 재편하지 않는 한, 아무리 공식적으로 노동시간을 단축하더라도 실제 노동시간은 전혀 줄어들지 않았던 지금까지의 한계를 답습하여 '말로만' 교대제를 개선할 우려가 크다.

4) 교대제 없는 세상 만들기

몇몇 공공영역에서의 불가피한 경우를 제외하고, 교대제를 꼭 해야 하는 경우가 있을까? 교대제가 꼭 필요하지 않은 경우에는, 교대제를 규제하고 최소화할 수는 없을까? 이런 건 어떨까? 하루 8시간의 생산을 위해 4시간씩 교대로 일을 하는 공장이고, 4시간 노동으로도 생활에 필요한 임금을 받을 수 있는 작업이라면, 그런 교대근무는 해도 좋을 것이다. 낮에 일을 하니까 생체리듬의 교란도 발생하지 않을 것이고, 하루 중 20시간을 나의 시간으로 보낼 수 있으니 가족이나 사회생활, 여가 문제도 지금보다 훨씬 적을 것이기 때문이다. 우리가 문제삼는 교대근무는 생체리듬을 교란하는 노동시간의 배치와 장시간 노동이 결합되어 있거나, 주간 때와 다를 바 없는 노동시간을 야간에 수행하는 것이다. 자본은 많은 생산량을 유지하기 위해, 노동자는 생활임금을 확보하기 위해 생체리듬을 교란시키고 삶을 황폐화하는 야간노동을 포함한 장시간 교대근무체제가 유지되고 있는 것이다. 높아진 생산성의 성과를 노동시간 단축을 통해 노동자들에게도 돌아갈 수 있도록 지속적인 현장의 요구가 있어야 할 것이다.

교대근무를 양산하고 있는 우리의 삶 또한 변화가 필요하다. 많은 것을 생산해 내기 위해 야간노동이 강요된다. 24시간 소비하도록 강제하는 구조가 만들어지고, 한편으로는 우리가 24시간 소비를 향유하는 사이, 그 소비를 지탱해 주기 위해 수많은 야간노동이 추가로 생겨난다. 자본주의는 이를 고용창출이라고 부른다. 자본이 추구하는 끝없는 생산, 끝없는 소비, 이들의 파괴적인 순환 고리에 의해 운영되는 자본주의의 "성장 논리"는 우리의 건강을 위협하고, 지구의 환경을 위협한다. 이것은 결국 어둡기만 한 미래를 향해 폭주하는 기관차를 연상시킨다. 이 폭주하는 기관차를 멈추게 하는 행동과 기획 속에서 교대제 없는 세상도 가능해질 것이다.

エピローグ

에필로그
주간연속2교대제의 모범, D공장 이야기

조금 있으면 오후 4시다. 정우 씨와 오전조 노동자들은 슬슬 작업을 정리하고 있다. 조금 있으면 오후조의 다른 작업자들과 교대할 참이다. 어린이집에서 막내녀석을 찾아 집에 가는 것이 익숙해진 정우 씨는 퇴근을 서두른다. 한낮에 퇴근하려니 처음에는 뭔가 어색했지만, 지금은 햇살을 받으며 집으로 돌아가는 길이 왠지 기분이 좋다. 정우 씨가 다니는 D공장은 주중에 오전조가 아침 8시부터 오후 4시까지, 오후조가 오후 4시부터 밤 12시까지 근무하는 '주간연속2교대' 사업장이다.

'주간연속2교대' 전에는 적어도 한 조가 각 10시간씩 일하면서 교대근무를 해야만 해서 밤새 새벽까지 공장이 쉴 틈 없이 돌아갔다. 완성차를 생산하는 공장이나 그 완성차 공장에 부품을 납품하는 협력업체 공장에서 잔업까지 포함해서 일 12시간 맞교대는 일상이었고 당연한 것으로 간주되었다. D공장 역시 예외는 아니었다. 기계가 사람인지 사람이 기계인지 모를 정도로 공장은 정신없이 돌아갔고, 만성피로는 사회생활이나 가족을 일상에서 밀어냈다.

그런데 이 일상에 큰 변화가 시작되었다. 심야시간에 근무하지 않는 교대제가 2010년 9월부터 도입된 것이다. 장시간 노동 그리고 심야노동에 찌들었던 그와 동료들의 삶에 신선한 변화가 찾아왔다. 이제는 꽤 익숙한 근무 형태가 되었지만 처음에는 정우 씨나 그의 가족들조차 익숙하지 않았다.

이전의 정우 씨는 아이들에게 맨날 소파에서 잠만 자는 존재였다. 정우 씨도 주말에는 그냥 쉬고만 싶었다. 쉬지 않으면 피곤해서 쉽게 짜증이 났다. 아내와 아이들은 짜증내는 것에 지쳐, 피곤한 정우 씨를 그냥 내버려둘 수밖에 없었다. 때문에 주간연속2교대 도입 이후 처음에는 집에 일찍 오는 아빠에 대해 아이들은 낯설어 하기도 하였다. 그러나 얼마 지나지 않아 가족 모두가 익숙해지자 조금씩 관계가 좋아지기 시작했다. 교대제가 변경되고 1년이 지난 시기부터는 오히려 아이들이 학교에 다녀와서 아빠가 없으면 전화를 하며 어디 있는지 묻기까지 한다. 아내와의 집안일 분담도 전보다는 훨씬 자연스러워졌고, 이러다 보니 가족 간의 대화와 교감도 더 늘어났다. 가족관계의 변화뿐 아니라 이전보다 잠도 잘 자고, 피로가 덜 쌓이다 보니 건강상태도 좋아졌다. 밤에 일하는 오후조에서 일하더라도 밤 12시를 넘겨서 일하지 않고, 노동시간 자체가 짧아졌기에 피곤함이 확실히 덜해졌다.

　D공장은 2010년에 '주간연속2교대'가 도입되었다. 동종의 업체뿐 아니라, 제조업 차원에서도 이 제도가 최초로 도입된 셈이다. D공장의 주간연속2교대 도입 이후 완성차 회사를 중심으로 주간연속2교대가 도입되었으나, 대부분 실제 노동시간이 8시간이 넘어서고, 자정을 넘겨서야 오후조 작업이 종료되었다. 일 12시간 맞교대에 비하면 중요한 변화였지만, 교대제 변화의 목표가 심야노동을 철폐하고 노동시간을 줄여 노동자의 건강과 삶을 회복하겠다는 데 있음을 두고 본다면 아쉬운 것이 사실이다. 그러나 D공장은 도입 초기부터 각 조가 실노동시간이 8시간을 넘기지 않는 근무 형태를 취하였고, 자정 넘어서까지 일하지 않았다. 이러한 점은 모범이라고만 칭하기에 부족하다. 거의 놀라운 지점이다. 자동차 산업은 수직 계열화되어 있다. 완성차 회사의 생산계획에 따라 부품사는 이에 조응해야 하는 것이다. 또한 부품사는 완성차 회사에 납품을 해야 하는 입장으로, 흔히 말하는 '을'의 입장에 있다. 그래서 보통 부품사는 완성차 회사의 작업 형태 및 노무관리에 이르기까지 그 운영방식에서 사실상 완성차 회사의 간섭을 받

고 종속되는 것이 현실이다. 그러니 완성차 회사에서 도입되지 않은 교대제 형태를 우선하여 도입하고, 그것도 노동자 입장에서 완성차 회사보다 진전된 형태의 교대제를 실행한다는 것은 여간 어려운 일이 아니다. 이런 배경 속에서 부품사인 Y기업은 D공장과 마찬가지로 완성차 회사보다 주간연속2교대제를 먼저 도입하려다, 사측으로부터 극심한 노동조합 탄압을 받았고, 그 후유증은 지금도 지속되고 있다.

D공장의 노동조합 조합원 수는 500명이 채 되지 않는다. 이 공장은 사업체나 노동조합의 규모에서 보자면 '작다'고 할 수 없지만 '크다'고도 할 수 없는 규모다. 그럼에도 모범이라 평가되는 교대제를 도입할 수 있었던 비결은 무엇일까?

자동차 산업에서 주간연속교대제는 1997년 경제위기 이후 인력 감축을 기본으로 하는 구조조정이 한창 논의되고 시행될 때, 이에 대한 대안으로 '심야노동 철폐', '노동시간 단축'을 기조로 1998년부터 거론되었다. 그러나 거론만 되었을 뿐 큰 진전을 보지 못하였고, 설사 도입된다 하더라도 자동차 메이커인 완성차 공장에서나 도입되고, D공장과 같은 자동차 부품사는 그에 따라 차차 도입될 수도 있는 것으로 치부되었다. 그러나 D공장의 노동자들은 이러한 상식 아닌 상식에 도전하였고, 이러한 상식이 편견임을 스스로 증명하였다.

　D공장에서도 교대제 변화는 쉽지 않았다. 교대제 변화에 함께했던 정우 씨는 회사 측의 손사래는 둘째 치고, 노동자들의 의지와 희망을 모으는 것이 더욱 큰 난제였다고 한다.

"완성차에서 교대제를 변화시키려는 조짐을 보고, 우리도 2006년부터 2007년까지 이에 대한 기초 검토를 했어요. 그리고 2007년 단체협약에서는 주간연속2교대제 도입을 위한 노사공동연구팀을 구성하기로 했지요. 문제는 조합원들의 의사였어요. 심야에 일하면 건강도 나빠지고, 가정생활도 그렇고, 임금 올리려고 잔업 특근에 목매는 것도 이제 그만해야 한다고, 교육도 하고 현장토론도 하고 그랬지요. 근데 그게 처음에는 쉽지가 않았어요. 아무리 노동조합에 어느 정도 신뢰가 있다 해도, 시급제인 노동자 입장에서 당장 노동시간 줄면 임금 걱정 안 할 수 없는 거지요."

잔업과 특근 그리고 심야노동에 지친 노동자들은 한편에서는 새로운 교대제를 찬성하기도 했지만, 또 한편에서는 임금의 저하 문제, 출퇴근시간의 불안정화, 노동강도 강화에 대한 우려가 커 반대의견 역시 만만치 않았다.

"평일에 잔업 없이 8시간을 넘지 않게 일하고, 또 너무 일찍 출근하지 않고, 너무 늦게 퇴근하지 않아야 했어요. 노동강도 역시 증가되면 오히려 노동시간 단축의 효과가 사라지는 것도 큰 문제였어요. 그리고 시급제인 이전 임금체계라면 잔업이 없어지면 임금 문제도 있어요. 총임금이 결과적으로 적어지는 것이니까요. 이게 다 시간당 임금을 받는 시급제 문제인데 결국 잔업 특근 없이도 어느 정도 생활이 보장되는 임금 형태가 필요했지요."

우선 노동자들의 임금실태를 정확히 파악해야 했고, '주간연속2교대'로 인한 임금감소분, 즉 평일 잔업을 안 했을 때 줄어들 수 있는 임금 정도가 얼마만큼인지도 파악해야 했다. 파악을 해보니 민주노조가 정착되기 전 특정한 기준 없이 입사시기와 감독자의 재량에 따라 책정된 임금으로 인하여 기준이 되는 임금의 수준이 저마다 다르고, 같은 연차라 하더라도 기본급이 들쑥날쑥한 것을 알게 되었다. 한편 연간 노동시간을 2천 시간 이내로 하는 것을 목표로 하다 보니 어찌되었건 주말 특근과 평일 잔업은 사라져야 할 것이었고, 이에 상당하는 부분의 임금 손실에 대해 보전하는 대책이 필요했다.

"하루 10시간 교대근무에 익숙하거나, 잔업이나 특근으로 임금을 올리던 노동자의 관습을 넘는 것이 무엇보다 중요했습니다. 추가적인 대안에 앞서 이러한 관습을 깨는 것 자체를 노동자가 정말 절실히 원하는지가 관건이라는 것을 간담회를 하면 할수록 절감하게 되었습니다."

노동조합의 활동가들은 조합원이 자신의 의견을 기탄없이 이야기할 수 있는 장을 열었다. 조합원들의 의문이 풀릴 때까지 교육하고, 소규모로 나누어 간담회를 하고 또 하였다. 노동조합 활동에서 보통 의사결정의 민주주의, 조합원과의 소통 등을 중요시 하지만, 실상 충실히 진행되는 경우가 많지는 않다. 간담회라는 것이 토론이 중심이 되기보다는 현안에 대한 노동조합 집행부의 설명회로 끝나는 경우가 적지 않은 것 역시 현실이다. 그러나 D공장 노동조합은 조합원 간담회를 조합원 토론장으로 만들려 하였고, 설사 반대의견이 나오더라도 이것을 배척하지 않았다. 간담회를 통해 조합원이 스스로 생각하고 주장하는 선택하는 힘을 기르고자 하였다. 그야말로 입에 단내가 날 정도로 모든 과정 하나하나를 소홀히 하지 않았다. 그렇다고 노동조합 활동가들이 별다른 준비와 책임감 없는 이른바 '대중추수적' 모습을 보인 것이 아니었다. 2007년부터 노동조합의 연구팀은 주간연속2교대제가 도입되면 예상되는 긍정적인 점과 선결과제 그리고 조합원의 반발지점을 꾸준히 고민하고 준비하였다. 이러한 선제적이고 철저한 준비는 노동조합이 노동자의 삶을 변화시키는 큰 그림을 가지고 있다는 신뢰를 조합원들에게 주었고, 현장 노동자의 질문에 활동가들의 자신감을 가진 막힘 없는 대답은 조합원들에게 현실 가능성을 확인시켜 주기에 충분한 것이었다. 이 결과 조합원들은 노동조합의 명확한 의지와 방향을 신뢰하게 되었고, 노사의 '주간연속2교대제' 도입 합의과정에서 더욱더 단결된 모습으로 회사 측을 압박하였다. 드디어 2010년 '주간연속2교대제'가 도입되었다.

"잔업을 하지 않아 줄어들 것이 예상되는 임금에 대해서 신설 수당을 통해 일정하게 보전하게 되었어요. 오전조, 오후조 모두 8시간씩 그리고 단일호봉제를 기반으로 하는 월급제는 1년 뒤인 2011년부터 적용하게 되었어요. 우스운 이야기지만, 교대제 변경될 때 외부에서 '언제까지 가나 보자'라는 얘기를 듣기도 했어요. 근데 이러고도 회사는 지금까지 존재하고 있잖아요. 물량 문제도 그래요. 물량도 만들자마자 팔리고 그러는 것이 아니잖아요? 재고와 생산계획이라는 게 있는 거니까요. 적정한 재고와 생산계획을 재설계하고, 인력을 어느 정도 늘리면 노동시간 줄었다고 노동강도가 막 세지고 그러지는 않아요."

일부에는 D공장에서나 가능한 일, D공장 노동조합이니까 가능한 일로 간주하고 이를 보편화시키는 것을 극구 부인하려 하였다. 그러나 산업 전체적 차원에서 D공장은 자동차 부품사의 일반적인 환경에서 크게 벗어나 있지 않다. D공장의 주요 생산품은 자동차 디젤기관용 연료분사장치로 갈수록 강화되는 환경규제로 인하여 사양 품종으로 꼽히고 있으며, 이 때문에 구조조정의 가능성이 늘 상존하고 있다. 한국의 어지간한 자동차 부품제조업체와 비교해서 크게 나을 것도 없다는 것이다. 실제 D공장의 자본은 틈만 나면 인력 감축, 폐업을 입버릇처럼 달고 살고 있다. 흥미로운 것은 지난 20년간 경영진은 내내 회사가 내일 망할 것처럼 엄살을 부렸지만 희한하게도 망하지 않았다는 것이다. D공장 노동조합에서 주목할 점은 D공장의 미시적인 특수성이 아니라 '강한 단결력'이 형성되는 과정과 이를 향한 의식적 노력이 무엇이냐는 것이다. 이에 대한 주목 없이 오로지 별난 D공장, '원래 그런 단결력'이 있는 노동조합으로만 치부한다면 뻔히 보이는 정답도 못 보는 우를 범하는 것이다.

최근에도 여전히 여기저기서 다른 특별한 방법이 있는지 물어본다. 이에 대해 정우 씨는 해답에 대신하여 이렇게 말한다.

"정말 비결은 없어요. 그렇지만 굳이 꼽자면 분명 다른 것이 있기는 해요. 우리는 공장이 존재하는 이유에 대해서 근본적으로 생각했어요. 공장이 존재하는 이유는 노동자가 행복해지기 위한 것이라는 것이죠. 사업주야 어떤 식으로든 이윤이 남으니까 공장을 돌리지요. 그러면 노동자 입장에서는 뭐냐는 거지요. 노동자가 몸이 상하면서까지 잔업, 특근에 쩔쩔매고, 서로 물량 경쟁하면 행복해질 수가 없어요. 가정에서 돈벌어오는 것 외에 역할이 없으면 왜 일하느냐는 거지요. 우리는 이렇게 안 하겠다는 것을 상당수의 조합원이 공유했다는 겁니다. 물론 이게 하루아침에 안 돼요. 사실 교대제 변화는 이른바 민주노조가 생기고 10년 가까이, 성과를 떠나서, 조합원을 배신하지 않았던 노동조합의 모습이 있었기에 가능했던 겁니다. 교대제 도입 과정만 단편적으로 보면 영 이해가 안 될 수도 있어요."

주간연속2교대제 도입 이후에 D공장의 노동자들의 삶의 질이 향상된 것은 사실이나, 그렇다고 해서 사측의 구조조정과 인력 감축의 시도가 없어진 것은 결코 아니다. 여전히 지금도 D공장 노사는 팽팽한 접전을 벌이고 있다. 팽팽한 줄을 잡고 있는 노측의 주체가 노동조합 활동가뿐 아니라 공장의 주인이 되고자 하는 현장의 노동자라는 점이 D공장 노동조합의 비법이다.

D공장의 노동조합은 항상 사측의 구조조정 행보를 먼저 파악하고 대비하고 연구하고, 조합원을 조직하였다. 현실에 안주하여 타성에 젖어 대응하지 않으려 했다. 무엇보다도 노동조합 집행부는 명확한 정책 방향을 가지고 조합원을 설득함과 동시에 조합원을 객체로 보거나, 객체로 남겨두지 않았다. 조합원이 노동조합의 주인이고, 공장의 주인이라는 명확한 명제를 현실화시키기 위해 부단히 노력하였던 것이다.

필진 소개

한국노동안전보건연구소

모든 노동자가 건강하게 일할 수 있는 노동조건을 만들고, 노동자 스스로 자신의 노동과정을 통제할 수 있는 세상을 열기 위해 활동하고 있다. IMF 이후 높아진 노동강도로 생긴 골병을 직업병으로 제기한 '근골격계 직업병 투쟁'에 함께하면서 2003년 10월 24일 출범하였다. 노동시간, 노동자의 몸과 삶을 주제로 한 현장 참여 행동 연구, 노동자가 주체가 되는 교육, 연대 활동을 통해 노동자가 안전하고 건강하게 일할 수 있는 역량을 강화하기 위해 노력하고 있다.

곽경민(직업환경의학 전공의, 한림대학교 성심병원)

직업환경의학 의사이자 보건학을 공부하는 학생. 더 건강한 사회를 만드는 데 보탬이 되고자 고민하고 애쓰는 중이다. _4장 「교대제와 황폐해진 노동자의 몸」 공동집필

권종호(직업환경의학 전공의, 경희대학교병원)

딸바보 아빠이자 병원에서 일하는 노동자로서, 퇴근 후에도 아이와 함께 동네 놀이터에 가고 싶어 연구에 참여했다. 모든 노동자가 삶의 여유를 찾는 날을 위해 공부하고 실천하고자 한다. _4장 「교대제와 황폐해진 노동자의 몸」 공동집필

김경근(서울대학교 사회학과 박사 수료)

느린 삶을 살지만, 빠른 삶을 사는 이들에게 눈길이 간다. 삶의 여러 리듬이 모아지는, 더 아름다운 세상을 만들기를 꿈꾼다. _1장 「자본주의와 노동시간」 집필

김보성(서울대학교 사회학과 박사 수료)

노동사회학을 전공하며, 연구와 사회참여, 일, 육아 사이에서 시간의 줄타기를 하다 보니 노동시간과 삶의 문제에 더 깊이 꽂혔다. 함께 쓴 책으로『엄마의 탄생』이 있다. _5장「교대제와 노동자의 삶」집필

김세은(직업환경의학 전문의, 양산부산대학교병원)

더 많은 사람들이 건강하게 일하는 데 보탬이 되는 일을 할 수 있도록 스스로를 다독이며 성장하고 있다. _4장「교대제와 황폐해진 노동자의 몸」공동집필

김재광(공인노무사, 노무법인 필)

노동자는 어떠한 맥락을 통해 자본으로부터 농락당하거나 혹은 집단적 저항의 주체가 되는가를 숙제로 삼고 있다. _에필로그「주간연속2교대제의 모범, D공장 이야기」집필

김형렬(직업환경의학 전문의, 가톨릭대학교 서울성모병원)

직업환경의학 의사이고, 대학에서 학생을 가르치는 선생. 민중의료연합, 한국노동안전보건연구소에서 노동보건 관련 연구와 실천을 해왔다. 직무스트레스, 사회심리적 건강 위험요인이 주요 연구 주제다. _3장「교대제의 유형과 현황」, 7장「교대제, 대응과 과제」집필

송홍석(사단법인 공감직업환경의학센터 향남공감의원 원장)

경기도 화성에서 '지역주민과 노동자의 건강 지킴이', '일하는 사람이 행복한 병원'을 모토로 한뜻을 가진 사람들과 개원을 하였다. 건강을 화두로 지역 주민과 노동자의 삶 속으로 들어가 보고자 한다. _6장「교대제에 대한 규제와 개선안」집필

이명준(직업환경의학 전공의, 원진녹색병원)

현재 녹색병원에서 전공의 수련 중이며, 직업환경의학과 노동자 사이의 간극을 좁히기 위해 좌충우돌하며 내공을 쌓아 가는 중이다. _4장「교대제와 황폐해진 노동자의 몸」공동집필

이진우(직업환경의학 전문의, 사회진보연대 부설 노동자운동연구소 연구원)

노동자 건강권 쟁취 투쟁을 통해 노동자운동의 역량이 강화될 수 있도록 활동 중이다. _4장 「교대제와 황폐해진 노동자의 몸」 공동집필

이혜은(직업환경의학 전문의, 가톨릭대학교 서울성모병원)

노동자가 지금보다 더 건강하게 일할 수 있는 세상을 바라며 직업환경의학을 전공하였고 현장 노동자와 함께하는 연구와 활동에 관심이 있다. _4장 「교대제와 황폐해진 노동자의 몸」 공동집필

이훈구(한국노동안전보건연구소 상임활동가)

'이윤보다 노동자의 몸과 삶을'이라는 기치 아래 노동자 건강권 쟁취 활동을 통해 노동자 직접민주주의와 현장 노동자정치에 일조하고자 애쓰는 중이다. _2장 「교대제의 본질: 무한이윤을 위한 프로젝트」 집필

최민(직업환경의학 전문의, 한국노동안전보건연구소 상임활동가)

노동자 건강을 렌즈로, 노동시간·노동인권·노동과정 통제 등을 들여다보며 활동을 만드는 일에 이제 막 빠져들고 있다. _4장 「교대제와 황폐해진 노동자의 몸」 공동집필